स्वयम्भू

कामयाबी के शिखर को छूने के चार मूल सूत्र

आशुतोष सिन्हा

यह पुस्तक लेखक की सहमति के बाद सामग्री को त्रुटि रहित बनाने के सभी प्रयासों के साथ प्रकाशित की गई है। हालाँकि, लेखक और प्रकाशक त्रुटियों या चूक के कारण होने वाले किसी भी नुकसान, क्षति या व्यवधान के लिए किसी भी पक्ष के प्रति कोई दायित्व नहीं मानते हैं और न ही अस्वीकार करते हैं, चाहे ऐसी त्रुटियाँ या चूक लापरवाही, दुर्घटना या किसी अन्य कारण से हुई हों।

हालाँकि किसी भी गलती या चूक से बचने के लिए हर संभव प्रयास किया गया है, यह प्रकाशन इस शर्त और समझ के साथ बेचा जा रहा है कि इसमें किसी भी गलती या चूक के कारण न तो लेखक और न ही प्रकाशक या मुद्रक किसी भी तरह से किसी भी व्यक्ति के प्रति उत्तरदायी होंगे। प्रकाशन या इस कार्य के आधार पर की गई या की जाने वाली कार्रवाई के लिए या दी गई या स्वीकार की गई किसी भी कार्रवाई के लिए। मुद्रण या बाइंडिंग में किसी भी दोष के लिए प्रकाशक केवल दोषपूर्ण प्रति को इस कार्य की उपलब्ध अन्य प्रति से बदलने के लिए उत्तरदायी होंगे।

साईं, मेरी प्रेरणा!

समर्पण

पापा के लिए,

जिन्होंने मेरे अन्दर दृढ़ क्षमता देखी थी, उसी क्षण से जिस क्षण उन्होंने मुझे अपनी बाँहों में थामा था, जिन्होंने उच्चतम गुणवत्ता को प्राप्त करने के महान मूल्य को मेरे भीतर बोया था, जिन्होंने मुझे अपने भीतर की जड़ता को तोड़ने और नई सीमाओं को पार कर आगे बढ़ने के लिए प्रेरित किया, जिन्होंने इस संसार की सीमाओं को भी तब त्यागा जब वह मेरी बाँहों में थे, जो आज भी निरंतर मुझे कुछ बनने के लिए प्रेरित करते रहते हैं।

संदेश

आपकी किताब सही और सटीक तभी लगती है, जब कार्यक्षेत्र में उथल-पुथल का ख़्याल आता है। आपका सौभाग्य है। ख़ुदा आपको अच्छी किस्मत बख़्शे।

यहाँ किताब के लिए विशेष टिप्पणी!

एक बार हार्वर्ड बिज़नेस स्कूल के प्रोफेसर ने मुझसे पूछा- क्या आपके पास 20 वर्षों का अनुभव है या फिर एक वर्ष का 20 गुना अनुभव है। अगर आप अपने कैरियर में खुश होना चाहते हो तो आपको नई चुनौतियों को स्वीकार करने की जरूरत है और फिर कैरियर में पूर्ण संतुष्टि हासिल करने का है, तो आप अपने उद्देश्यों पर ध्यान देने की कोशिश करें। आपके जीवन में जो उपलब्धियाँ, परिलब्धियाँ एवं आमदनी है, उसमें कौन सी चीज़ें सुकून पहुँचाती हैं? ऐसी कौन सी चीज़ें हैं जो आपको सुबह बिस्तर से उठने पर मजबूर कर देती हैं? अगर आप अपने कैरियर में थोड़े से उद्देश्यों को और जोड़ दें, तो आप चाहेंगे कि ये कभी खत्म ही ना हो... और आप इसे अवकाश प्राप्ति के बाद भी जारी रख सकते हैं।

- बार्ब ब्रेडली हैगर्टी

बेस्ट सेलिंग ऑथर ऑफ़ लाईफ़रिंगेन्द्रः
दी साईंस, आर्ट एंड अपॉरचुनिटी ऑफ़ मिडलाइफ़
एंड एन-पी-आर- कोरेस्पॉडेंट फॉर 19 इयर्स

प्रशंसा पत्र-

मैं आशुतोष को काफ़ी सालों से जानता रहा हूँ। लोगों में छिपे जोश एवं हुनर को लाने के लिए उनका उत्साह वाकई काबिले तारीफ है। मैं नहीं सोचता कि इससे भी बेहतर समय आएगा कि वाकई में पाठकों के लिए यह तो अप्रत्याशित है कि वो आशुतोष से बेहतर हासिल करें और लाभ उठाए।

- ग्रेचेन मोक्सकी

मैनेजिंग डायरेक्टर

टेलेंट एंड डेलॉयट, यू-एस-

आज की इस अनिश्चितता भरी दुनिया में पाठकों के लिए यह एक अच्छा समय है कि वे अपने कैरियर के अनुसार अवसरों का चयन करें। साफतौर पर आशुतोष के पास बेहतर प्रस्ताव एवं सुझाव हैं, जिनसे उन्होंने अपना कैरियर सँवारा है और उन्होने निजी तौर पर साक्षात्कार के जरिए न जाने कितने कैरियर शुदा लोगों को ढूँढ निकाला जिनमें न जाने कितने अधिकारियों की वास्तविक कहानियाँ तथा अनुभव हैं, जो जिंदगी के सफर में बनती- बिगड़ती रही और इसी के बलबूते सफर तय भी हुआ। वाह आशुतोष शाबाश!

- जैकलीन लिनाम लेविस

ग्लोबल टैलेंट लीडर

सुफोल्क कांस्ट्रक्शन, बोस्टन

मैं ऐसा महसूस करता हूँ कि लीडर्स अक्सर उदासी की सीढ़ियाँ चढ़ते चले जाते हैं, लेकिन इस रास्ते पर उनके साथ बेशुमार दौलत और हैसियत मिलती जाती है, और फिर एक ऐसी मंज़िल आती है जहाँ कुछ भी उन्हें रास नहीं आता है। इस किताब में आशुतोष ने कई चुनौतियों को तार-तार किया है या फिर इन्हें पहचानने की कोशिश की है, जिनका सामना आमतौर पर इन लीडरान के द्वारा किया जाता है।

- टिम हुइटिंग

एक्स- डायरेक्टर, पीपुल एंड

आर्गनाईजेशनल कैपोविलिटी, माइक्रोसॉफ्रट

आशुतोष की भावनाएँ लोगों में सबसे बेहतर ढूँढ निकालने के बारे में शीघ्र प्रभाव डालने वाली यानी असरकारी हैं। मुझे भरोसा है कि पाठकों को उनके अनुभव से फायदा होगा। वाकई में उन्होंने न जाने कितने वरिष्ठ अधिकारियों के कैरियर में बदलाव लाने में अहम् भूमिका निभाई है। इस किताब में उनका विश्लेषण लाजवाब है और हमें हर एक सूझ-बूझ से अवगत कराता रहा है जो आमतौर पर अधिकारियों द्वारा कैरियर में चल रही उठा-पटक की वजह से नजरअंदाज कर दिया जाता है।

- मुदित गुप्ता

डायरेक्टर ऑफ़ सेल्स, सी-एच-ई-

पी-, इंडिया

अनुक्रमणिका

प्रस्तावना

पाठक के नाम पत्र

प्रिय पाठक,

मैंने यह पुस्तक बहुत दिल से लिखी है ताकि आप इसका लाभ उठा सकें। यह एक ऐसी कहानी है जिसे मैं केवल खुद तक या कुछ खास लोगों तक ही सीमित नहीं रखना चाहता। यह मेरा दायित्व है कि मैं इसे आपके साथ साझा करूँ। यदि यह पुस्तक आपको आपके कैरियर की यात्रा में मदद कर सके, तो मैं सबसे अधिक प्रसन्नता महसूस करूँगा।

मैंने, एक युवा एग्जेक्यूटिव के रूप में अपने जीवन में कुछ बड़ा करने का ख्वाब देखा था, जैसा कि आमतौर पर सभी युवा लोग देखते हैं। जाहिर तौर पर, मुझे इसके बारे में कुछ भी पता नहीं था कि यह 'बड़ा' आखिर है क्या। मैं अपने सपनों का पीछा करता गया और मुझे यह पता भी नहीं चला कि सालों कैसे बीत गए। मैं समय की गरिमा भूल गया था। तब एक ऐसा मोड़ आया जिसने मुझे रूककर यह सोचने पर मजबूर किया कि मैंने अब तक क्या हासिल किया है और मैं आगे कहाँ जा रहा हूँ। मैंने यह महसूस किया कि मैंने अपने जीवन के मूल्यवान वर्ष अच्छी कमाई करने में, परिवार बढ़ाने में और वह सब कुछ करने में व्यतीत कर दिए जो अन्य लोग मुझसे करवाना चाहते थे। यह मेरे लिए सत्य के साक्षात्कार का क्षण था। मैं अपने आप को खोजने लगा, यह जानने के लिए कि मैं क्या कर रहा हूँ और क्यों कर रहा हूँ। कई वर्षों तक मेरा यह आत्म-चिंतन मुझे गहन-शोध की तरफ ले गया। मैंने कई सफल और अल्प सफल व्यावसायिक

एग्जेक्यूटिव, उद्यमियों और गृहणियों से भी बात की। मैं यह जानकर आश्चर्यचकित था कि कई लोग अपनी आयु के बंधनों को झुठलाकर, न सिर्फ सफलता के शिखर तक पहुँचे, अपितु वास्तविक रूप में अपने जीवन के प्रत्येक क्षण का आनंद भी उठाया। मैंने यह भी जाना कि ऐसे सफल उद्यमी जो अपने काम से संतुष्ट और प्रसन्न हैं तथा उन लोगों के बीच जो इनसे अलग है, एक पतली भूरी रेखा है जो यह दर्शाती है कि इन्होंने अपने कैरियर को किस प्रकार बनाया।

इसने मुझे मजबूर किया कि मैं थोड़ा पीछे जाऊँ। मैंने अपने पुराने नोट्स और कई प्रकाशित प्रपत्र पढ़े जो इस बात से जुड़े थे कि सच्ची खुशी और वैभव के पथभ्रमित क्षणों में क्या अंतर होता है। मैंने मानव मनोविज्ञान पर आधारित कई शोध और लेख भी पढ़े। जब मैंने गहनता से चिंतन-मनन करना शुरू किया, तब मैंने एक व्यावहारिक ढाँचा या खाका बनाने के लिए अपने बरसों के अनुभव और शोध का सार निकालना शुरू किया। वह ढाँचा इस पर आधारित था कि किस प्रकार वरिष्ठ एग्जेक्यूटिव अथवा अन्य लोग अपने कार्य के वास्तविक अर्थ और उद्देश्य को समझने के लिए जीवन के रोजमर्रा के दबावों और संघर्षों से लड़ते हैं और जीतने का प्रयास करते हैं, लंबे समय तक अपने परिवार का पालन-पोषण करते हैं, घर चलाते हैं, निजी प्राथमिकताओं से समझौता करते हैं। मेरे "ब्रेकथ्रू" यानी ज़बरदस्त शुरुआत का क्षण वह था जब मैंने उस ढाँचे को बहुत आसानी से लागू होने वाली चार चरणों वाली पद्धति में बदला, जिसे मैंने सबसे पहले अपनी ही कैरियर की यात्रा पर लागू किया। और यह काम कर गया। इसके बाद मैंने कुछ ऐसे एग्जेक्यूटिव जो कि अपने कैरियर के मध्य काल में थे, के साथ अपने अनुभवों को साझा किया तथा उनकी कैरियर की यात्रा को रूपांतरित करने के लिए उनके साथ हाथ मिलाया। यह उन सबके लिए उपयोगी सिद्ध हुआ। तब जाकर मुझे यह एहसास हुआ कि इस बारे में काफी कुछ हो-हल्ला किया जाता है कि

कैसे हम जो करना चाहते हैं उससे जुड़े मनोभावों को समझा जाए, मैंने यह पाया कि ऐसे वरिष्ठ एग्जेक्यूटिव जिनके पास समय का अभाव है, उनके लिए कोई बना-बनाया उपाय नहीं है। आप जो करते हैं, उसमें आनंद भी महसूस करें। यह कोई गुप्त रहस्य नहीं है। मैंने यह निर्णय लिया कि इस बारे में मैंने जो कुछ भी सोचा-समझा है, उसे एक किताब की शक्ल में प्रस्तुत किया जाए। मैंने हर संभव प्रयास किया है कि यह पुस्तक पाठक के लिए उसके आत्मान्वेषण की एक तीव्र गति से चलने वाली यात्रा की तरी हो। मैंने ऐसे कई लोगों के साक्षात्कार लिए, जिनके कैरियर संबंधी निर्णय प्रेरणादायी थे। मैं भाग्यशाली हूँ कि उन्होंने अपनी व्यक्तिगत कहानियों को साझा करने की अनुमति दी, यह ऐसी कहानियाँ हैं जो विस्मृत हो चुके कैरियर की उल्लेखनीय और महान वापसी को दर्शाती हैं।

यह पुस्तक पाठक को एक ऐसी यात्रा पर ले जाती है, जिसमें वह न केवल अपने कैरियर की वर्तमान अवस्था का मूल्यांकन करता है, बल्कि यह पुस्तक उसे इस हेतु सहायता करती है कि वह अपने कैरियर के प्रति एक प्रायोगिक रुख अपना सके और उसे उस उन्नत अवस्था में ले जा सके, जहाँ उसे वास्तविक प्रसन्नता मिले और वह जो कर रहा है, जो प्राप्त कर रहा है उससे उसका गहरा जुड़ाव विकसित हो और वह सतत सफलता की ओर बढ़ सके। यह पुस्तक पाठकों को उनके अंदर की पुकार को पहचानने में सहायता करेगी, जिसे कैरियर कम्पास पर मैं "वास्तविक या सच्ची उत्तर दिशा" (ज्तनम छवतजी) का नाम देता हूँ।

एक बार फिर मैं यह दोहराना चाहता हूँ कि मैं एक व्यक्तिगत मिशन पर निकला हूँ। मेरा उद्देश्य है कि प्रसन्नता की पुनर्खोज के इर्द-गिर्द छाई हुई धुंध को छाँट सकूँ तथा एग्जेक्यूटिव, उद्यमियों और ग्रहणियों को इस हेतु सशक्त कर सकूँ कि वह अत्यंत ही सफल और आनंददाई कैरियर की यात्रा कर सके।

यहाँ से मैं अपने आपको शेरपा लिखूँगा और जब आप पहले अध्याय को पढ़ लेंगे तो आपको पता चलेगा कि मैं ऐसा क्यों कर रहा हूँ।

आपकी बेहतरीन सफलता और परम-आनंद की आशा के साथ,

आशुतोष,
आपका शेरपा।

60 सेकंड की दौड़

"साल में केवल में दो दिन ऐसे होते हैं, जिस दिन कुछ नहीं किया जा सकता। एक का नाम है- बीता हुआ कल और दूसरे को कहते हैं -आने वाला कल। आज का दिन ही सबसे उचित दिन है... "

- दलाई लामा

यदि आप अपने कैरियर के मध्य में हैं या एक ऐसे वरिष्ठ एग्जेक्यूटिव हैं जो अपने कार्य में डूबा हुआ है तो शायद यह किताब आपके लिए नहीं है। यदि आपका कार्य आपको इस हद तक आनंदित करता है कि आप हर सुबह एक नए उत्साह से भरे रहते हैं, तो बधाई हो- आप दस में से उन तीन एग्जेक्यूटिव में से हैं, जो एक ऐसे कैरियर में है, जिसे वे प्यार करते हैं, लेकिन अगर आप उन सात में से हैं, जिस श्रेणी में मैं भी पहले था तो संभवतः आप अपने काम में खुद को बंधा हुआ महसूस करते हैं तथा तनाव और थकान की ओर उन्मुख हैं। आपको अपने ऑफिस का बैग दिन- प्रतिदिन और भारी लगने लगता है तथा घर से कार्यालय तक की यात्रा नीरस होती जाती है। कई अध्ययनों और सर्वेक्षणों में यह दर्शाया गया है कि ऐसे एग्जेक्यूटिव जो अपने कार्य का आनंद नहीं उठा पाते, उनके तनाव से जुड़े रोगों; जैसे- उच्च रक्त-चाप और अवसाद से ग्रसित होने का खतरा सामान्य व्यक्ति की तुलना में दुगना होता है। ऐसे लोग कम-से-कम 'सोमवार की एलर्जी' से तो ग्रस्त होते ही हैं। आइए, मेरी

यात्रा से खुद को जोड़कर उस गुप्त ख़जाने का ताला खोलिए, जिसमें कार्य के साथ-साथ आनंद का रहस्य भी छुपा हुआ है।

मैं उस पीढ़ी का व्यक्ति हूँ, जिसके माता-पिता भारत में स्कूली शिक्षा पूर्ण होने के बाद इस घोर दबाव में रहते हैं कि उनका बच्चा एक ऐसा कैरियर बनाए जिससे वह अपने जीवन को आसानी से चला सके, अच्छा कमा सके। मैं जिस समाज में पला-बढ़ा, वह इससे अलग नहीं था। मेरे लिए यह बहुत आसान था कि उसी ढर्रे का अनुसरण किया जाए। मैं निश्चित रूप से कोई रॉक-स्टार नहीं था। मैंने कॉलेज की प्रवेश परीक्षा से लेकर अभियांत्रिकी, वास्तुकला, कला और यहाँ तक की सेना में भर्ती के लिए होने वाली परीक्षाओं में अपना भाग्य आजमाया, इस आशा के साथ कि कुछ-न-कुछ तो मिल ही जाएगा। मेरे पिता आई.आई.टी- में कार्यरत थे। आई.आई.टी. को भारत में अभियांत्रिकी के संस्थानों में सर्वश्रेष्ठ का दर्जा प्राप्त है, विभिन्न प्रवेश परीक्षाओं में मुझे मिली सीमित सफलता के कष्ट को इस बात ने और बढ़ाया ही। किंतु अंततः मुझे एक राज्य-स्तरीय इंजीनियरिंग कॉलेज में प्रवेश मिल गया। ऐसा लगा कि मुझे मेरा मन-चाहा ट्रेड भी मिल गया और मैंने खनन अभियांत्रिकी में सिल्वर मेडल के साथ स्नातक की परीक्षा उत्तीर्ण की। चार साल के बाद मैं एक स्टील प्लांट में एक युवा इंजीनियर के रूप में कार्य करने लगा, एक ऐसा युवा इंजीनियर जो कार्यक्षेत्र पर हेलमेट पहनकर ऐसे लोगों का प्रबंधन करता था, जो उससे उम्र में दुगने अधिक बड़े थे और कच्चा लोहा ढालते थे। शुरू में तो यह बड़ा मजे वाला काम लगा, लेकिन यह वह काम नहीं था जिसके लिए मुझे नियुक्त किया गया था। मैंने खनन विज्ञान में टॉप किया था। बचपन से ही यह मेरा सपना था कि मैं नासा में इंजीनियर बनूँ और ग्रहों तक अंतरिक्ष यान भेजूँ। मैंने अपनी नौकरी छोड़ दी और यह निर्णय लिया कि मैं यूनाइटेड किंगडम जाकर शेफील्ड में खान-विज्ञान में पोस्ट ग्रेजुएट (स्नातकोत्तर) करूँगा। सपना सच हो रहा है,

ऐसा मुझे लगा। परंतु भारत से यूनाइटेड किंगडम की उड़ान पकड़ने से पहले ही घर में दुर्घटना हो गई। मैंने अपने दादा जी को खो दिया, जिन्हें मैं बहुत प्यार करता था। जैसे इतना ही काफी न हो, मेरे रोल मॉडल, मेरे गुरु, मेरे पिता जी मेरी पच्चीसवीं वर्षगांठ के दो दिन बाद ही गुजर गए। नियति ने मेरे सामने एक अजीब स्थिति पैदा कर दी। दो सालों में ऐसे दो व्यक्ति मुझे छोड़कर चले गए, जिन्होंने मेरे जीवन की डोर थाम रखी थी। अब मैं खुद को वयस्क महसूस करने लगा। मैं वापस उसी स्टील-प्लांट में चला गया और फिर वहीं काम करने लगा। कुछ महीनों के बाद मैंने घर के पास ही स्थित एक ऑटो मोबाइल निर्माता के यहाँ नौकरी शुरू की ताकि मैं अपनी माँ और दादी के साथ रह सकूँ। पंद्रह महीनों तक मैंने वहाँ क्वालिटी कंट्रोल इंजीनियर के पद पर काम किया। मैं प्लांट पहुँचने के लिए सात बजे की बस पकड़ता था और एक लकड़ी की टेबल पर बैठकर, छह कप चाय पीता था, समोसे खाता था और यह इंतजार करता था कि हर घंटे घड़ी की सुई कब आवाज करती है। दिन में आठ बार दुकान के फर्श पर गियर की गुणवत्ता की जाँच करता था, रीडिंग लेता था, उन्हें लैब भेजता था और उसी बस से वापस घर लौट आता था। घर लौटकर थका-हारा अपने पिता की आराम कुर्सी में धस जाता था। मेरा शरीर नहीं थकता था लेकिन मेरा दिमाग ज़रूर थक जाता था।

एक ससाहांत यह सब बर्दाश्त के बाहर हो गया। कुछ तो था जो छूट रहा था। मैं घर पर था, ठीक-ठाक कमा ले रहा था, लेकिन हर महीने ऐसा लगता था कि मैं बदल रहा हूँ, कुछ और ही होता जा रहा हूँ। एक दिन बरसात में ही मैंने अपनी पिता की कार निकाली और उनके पुराने ऑफिस पहुँच गया। वहाँ कार पार्क की और सब्र को टूट जाने दिया। आँसुओं की धारा बह निकली, मैं खुद पर चिल्ला रहा था या शायद खुद से बात कर रहा था, खैर इसका कोई मतलब न था। जब तक मैं यह महसूस कर पाता कि भयंकर बारिश

मेरी कार की छत को ड्रम की तरह बजा रही है, तब तक शायद मुझे खुद के साथ दो घंटे बीत चुके थे। तब मैंने यह महसूस किया कि मुझे कुछ ऐसा करना है जिसका मेरे लिए कोई अर्थ हो। ऐसा नहीं था कि वह नौकरी मेरे कद के अनुकूल नहीं थी, किंतु उसमें मेरा मैं अनुपस्थित था। जब मैं वापस घर लौटा तो मेरी माँ मेरी आँखों को देखकर स्थिति को समझ गईं। उसी रात डिनर के समय उन्होंने मुझे एक सीलबंद लिफाफा दिया जो उन्हें मेरे पिता ने दिया था। यह लिफाफा कभी पोस्ट नहीं हो सका था। इसमें एक समाचार-पत्र की कटिंग थी, जिसमें रूडयार्ड किपलिंग की कविता 'यदि' का अंतिम पैराग्राफ छपा था। कविता यूँ खत्म होती थी-

"यदि आप किसी अक्षम्य क्षण को भर सकते हैं,

साठ सेकंड की दूरी की दौड़ के साथ,

तो यह पृथ्वी और इसमें जो कुछ भी है, वह आपका है,

और इससे भी महत्त्वपूर्ण यह है- तुम एक आदमी बनोगे,

मेरे बेटे! "

अपने हाथ से लिखे हुए पत्र में उन्होंने मुझे यह चुनौती दी थी कि मैं जीवन में "उद्देश्यपरकता" को प्राप्त करूँ और अपने सपनों का अनुसरण करूँ। यह एक सुरियल समय था। मेरी साहसी माँ मेरे साथ खड़ी थी। नासा जाने के मेरे लक्ष्य को प्राप्त करने का समय बीत चुका था। मैंने यह निर्णय लिया कि अब मैं देश के किसी उत्कृष्ट बिजनेस स्कूल से बिजनेस से जुड़ी कोई डिग्री प्राप्त करूँगा। दो वर्षों में मैंने स्नातक की परीक्षा पास की और एक स्तरीय मार्किट रिसर्च फर्म में कार्य करना शुरू किया। मैं फिर एक रास्ते पर चल निकला था। अब मैं सूट और टाई पहनकर अपनी नई कोरियन मैटिज

कार को चलाकर विभिन्न औद्योगिक क्षेत्रों से जुड़े लोगों के पास जाता था, इस समय मैं एक पॉलिमर रिसर्च प्रॉजेक्ट पर काम कर रहा था। इस नौकरी में दो साल बीत जाने के बाद मुझे ऐसा लगने लगा कि मैं कुछ अच्छा कर रहा हूँ। एक बार इसी काम के सिलसिले में मैं एक क्लाइंट से मिलने गया। मैंने अपनी कार को पार्क की ओर उसके शीशे में देखते हुए अपनी टाई ठीक की, ठीक उसी समय मेरी आँखों ने मुझसे पूछा- क्या तुम्हें जीवन का उद्देश्य मिल गया है? इस समय मैं अपनी आयु के तीसरे दशक के शुरुआती वर्षों में था, एक युवा एग्जेक्यूटिव था, पर कुछ क्षण पहले ऐसा सोच रहा था कि मैं सही दिशा में जा रहा हूँ, अब किपलिंग के शब्द पुनः मेरे कानों में गूँजने लगे। क्या मैं जीवन के प्रत्येक क्षण का आनंद उठा रहा था, उसे जी रहा था? इस समय ऐसी सोच का होना एक अनोखी बात थी। परंपरागत सोच के अनुसार सब कुछ तो ठीक ही चल रहा था। अगले दस सालों तक यदि मैं ऐसे ही चलता जाता, तो शायद मैं सीनियर बिज़नेस हेड बन जाता, इसमें शिकायत की कोई बात ही न थी। फिर जब मैं चालीस का होता, तो शायद एक सीनियर एग्जेक्यूटिव बन जाता और कौन जानता था शायद एक सी.ई.ओ. भी बन सकता था, और इस तरह आगे ही बढ़ता जाता। जब मैं इस बिज़नेस मीटिंग से वापस लौट रहा था, तो मेरे मन में बहुत बेचैनी थी। बार-बार यह प्रश्न मुझे परेशान कर रहा था कि क्या वास्तव में मैं कुछ उल्लेखनीय कर रहा हूँ? कुछ लीक से हटकर कर पा रहा हूँ? इसका उत्तर आसान नहीं था, परंतु लगातार मेरे दिमाग में ये प्रश्न उठ रहे थे, जैसे एक साथ सौ इंजनों की आवाज गूँज रही हो। अगली सुबह मैं एक स्पष्ट उत्तर के साथ उठा- अब मैं केवल जीने के लिए ही जीवन को नहीं जिऊँगा। मुझे एक उद्देश्य के लिए जीना है, एक ऐसा उद्देश्य जो मेरे आस-पास के लोगों के जीवन को सकारात्मक रूप से प्रभावित कर सके।

जीवन में मितव्ययिता की भी महत्वपूर्ण भूमिका होती है। मेरे एक करीबी परामर्शदाता, जो इंडस्ट्री में काफी वरिष्ठ यानी अनुभवी थे, उन्होंने मुझे साक्षात्कार देने के लिए एक विश्वस्तरीय सर्च फर्म को रेफर किया। यह अनोखे दो दशक थे, मैं अपनी इच्छा से एक व्यावसायिक कैरियर को छोड़कर उन दुनिया में जा रहा था, जिसे लोग 'हेड हंटिंग' के नाम से बुलाते हैं। परंतु यह अच्छा था। मैंने कभी यह कल्पना भी नहीं की थी कि मैं कभी इतने सारे चीफ एग्जेक्यूटिव ऑफिसर, बोर्ड के सदस्यों तथा व्यवसायों के मालिकों से मिल पाऊँगा और वह भी अपने कैरियर के आरंभिक चरण में ही। यह एकाएक काफी कुछ सीखने और आगे बढ़ने का अवसर था। मैं इसके हर मिनट का मजा ले रहा था। अगले कुछ सालों तक मैंने यह परीक्षण किया और अधिक परीक्षण करता गया कि सभी क्षेत्रों के सी.ई.ओ. यानी चीफ एग्जेक्यूटिवस ऑफिसर्स सफल और असफल क्यों होते हैं, मैंने यह भी जाना कि व्यवसायों के मालिक कैसा सोचते हैं। सबसे महत्वपूर्ण यह था कि मैंने विश्व के विभिन्न भागों में रहने वाले लगभग तीन सौ चीफ एग्जेक्यूटिवस ऑफिसर्स का एक नेटवर्क बना लिया। मैंने यह प्रयास किया कि सफल सीनियर एग्जेक्यूटिव लोगों की सफलता के सूत्रें को खोज सकूँ, उनकी सफलता के समीकरणों को समझ सकूँ, तथापि जैसे-जैसे मैं इन सफल लोगों की कहानियों को समझता गया, मुझे यह समझ में आने लगा कि यह सफलता एक अपार चेतावनी के साथ मिलती है। इसे मैं 'बरमूडा ट्रायंगल प्रभाव' नाम दूँगा, क्योंकि कुछ तो नाम देना ही होगा। सफलता के पथ पर तेजी से बढ़ते हुए कई सारे कैरियर अपने आयु के चालीसवें दशक के मध्य से लेकर पचासवें दशक के आरंभिक वर्षों में एक भयानक तूफान में फँस जाते हैं और उनके कैरियर का रास्ता रडार पर से गुम हो जाता है। मैं इस बिंदु पर इस पुस्तक में आगे के एक अध्याय में विस्तार से बताऊँगा।

मैं इस मामले में अत्यंत ही भाग्यशाली था कि मैंने 20 सालों तक विश्व के बेहतरीन संस्थानों में 'ह्यूमन रिसोर्स तथा टैलेंट एक्विजक्यूशन' के प्रमुख के पद पर कार्य किया। यह संस्थान विभिन्न उद्यमों जैसे कि निर्माण, स्वास्थ्य सेवाओं, तकनीक, बी पी ओ कंसल्टिंग, पेट्रोकेमिकल तथा रिटेल से जुड़े थे। अगले दो दशकों तक मैंने लगभग 2000 चीफ एग्जेक्यूटिव अधिकारियों के साक्षात्कार लिए और लगभग चालीस हजार लोगों का विभिन्न स्तरों पर कार्य करने के लिए चयन किया। अगर हम दूर दृष्टि से देखें तो यह प्रत्येक साक्षात्कार और प्रत्येक चयन मेरे लिए सीखने का एक मौका था। मैंने यह जाना कि कैरियर उस ननिहाल पौधे की तरह है, जिसके साथ आप लापरवाह नहीं हो सकते, वह सावधानी के साथ पोषण और देखभाल की माँग करता है और यह काम आपको खुद ही करना है, कोई अन्य इसे नहीं कर सकता। उचित पोषण के अभाव में इस पौधे की जड़ें उतनी गहराई तक नहीं जम पातीं कि भविष्य में सामने आने वाले तूफानों का डटकर सामना कर सकें।

बीते हुए दशक में मैंने खुद के लिए एक मिशन तय किया और वह था- विभिन्न वरिष्ठ एग्जेक्यूटिव अधिकारियों को परामर्श देना। मेरे काम का केंद्र बिंदु 'बरमूडा ट्रायंगल प्रभाव' पर ही था- कैरियर का वह मध्य बिंदु, जहाँ बहुत सारे लोग अपना रास्ता भूल जाते हैं। कई लोग इसे जीवन के मध्य भाग में आने वाली चुनौतियों के साथ मिला देते हैं। ये चुनौतियाँ हैं- विभिन्न प्रकार की बाध्यताएँ, बड़े होते बच्चे और उनकी शिक्षा पर बढ़ता हुआ खर्च, बूढ़े माता-पिता और उनकी दवाओं और इलाज पर बढ़ता हुआ खर्च तथा कैरियर के कुछ उतार-चढ़ाव। ऐसा लगता है, जैसे एक बहुत बड़ी आपदा आकार ले रही है। इससे निकलने का रास्ता यह है कि कैरियर और जीवन को अलग-अलग कर दिया जाए। हाँ, इसे कहना आसान है और करना मुश्किल, परंतु इसके लिए रास्ता है। जिस पर हम इसी पुस्तक में आगे विचार करेंगे।

दस में से आठ ऐसे वरिष्ठ एग्जेक्यूटिव जो अपने जीवन के चालीसवें दशक के मध्य में हैं, ऐसा महसूस करते हैं कि व्यक्तिगत जीवन तथा तेजी से बढ़ते कैरियर ग्राफ के बीच संतुलन स्थापित करने में वे असमर्थ हो रहे हैं।

पचास चीफ एग्जेक्यूटिव अधिकारियों के साथ हुई मेरी बातचीत में 78% ने यह स्वीकार किया कि जब वे अपने जीवन के चालीसवें दशक में पहुँचे तो उन्हें अपनी नौकरी नीरस लगने लगी। इसके कारण उनका काम के प्रति लगाव कम होता गया, उनके उत्साह में कमी आती गई और काम से यह अलगाव उन्हें मोह भंग तक ले गया जिसके परिणाम स्वरूप उनके अंदर कार्य के प्रति जोश और जुनून समास हो गए। कई लोगों ने यह स्वीकार किया कि वे जितना इस बात पर ध्यान देते गए कि उनके सामने ऐसा क्या है जो उन्हें अच्छा नहीं लग रहा, उतना ही वे यह सोचने लगे कि उनके कैरियर में क्या समस्या है, उनमें क्या कमी है और यह तब तक चलता रहा जब तक उन्होंने अपनी भविष्यवाणी से खुद को संतुष्ट करना आरंभ नहीं कर दिया। मैंने ऐसे कई लोगों की काउंसलिंग की है जो फिर से उठ खड़े होने के लिए, अपने कैरियर में ऐसा बदलाव करने के लिए तैयार हुए जो उन्हें संतुष्टि देता हो; जैसे- बल्ले का वह 'स्वीट-स्पॉट' जहाँ से लगकर गेंद तेज़ी से सीमा रेखा के बाहर जाती है। यह बदलाव आसान नहीं था क्योंकि कैरियर के समीकरण आमदनी से जुड़े हैं और इस आमदनी से ही जीवन चलता है, यह बात सबके दिमाग में घूमती रहती है। प्रतिमाह का वेतन एक नशे की तरह था, जिसने नौकरी की आवश्यकता से अलग हटकर सोचने तथा उस संस्था में होने वाली राजनीति से लड़कर उस संस्थान में बने रहने से अलग किसी भी अन्य विचार को मन में आने ही नहीं दिया। मैंने अपने नेटवर्क में आने वाले चीफ एग्जेक्यूटिव अधिकारियों से वर्षों तक चर्चा की, इस विषय पर वर्षों तक शोध किया और

एक ऐसा ढाँचा विकसित किया, जिसने लगातार सकारात्मक परिणाम दिए। मुझे यह साझा करते हुए खुशी हो रही है कि कई वरिष्ठ एग्जेक्यूटिव लोगों ने अपना रास्ता पा लिया और अपने कैरियर की उड़ान में और बीस सालों की यात्रा की। मैं यह नहीं कहता कि मेरे पास कोई जादुई मंत्र है। मैं इस पुस्तक में एक सहयात्री की तरह ही चलूँगा और आपको सलाह दूँगा, उस अवसर पर जब कैरियर तूफानों में फँसा हो और उससे बाहर निकलकर भविष्य को पाया जा सके। यह भविष्य किसी अन्य संस्था में भी हो सकता है और उस संस्था में भी जिसमें आप कार्य कर रहे हैं। यह ढाँचा आपको एक नई दिशा प्राप्त करने के लिए सशक्त करता है।

मैं आपको आमंत्रित करता हूँ कि आप एक ऐसे उच्च स्तरीय उद्देश्य की प्राप्ति करें, जो आगे आने वाले समय में आप जो भी करना चाहते हो, उसके लिए आपमें जोश और उमंग भरे। अब समय आ गया है कि हम अगला उचित कदम आगे बढ़ाएँ।

✍ ✍ ✍

२

बेस कैंप की बातें

"शिखर की चढ़ाई मज़बूती माँगती है, चाहे वह माउंट एवरेस्ट पर चढ़ना हो या कैरियर के शिखर पर"

- ए.पी.जे. अब्दुल कलाम

बेस कैंप में आपका स्वागत है। हमारा साथ अभी-अभी शुरू हुआ है। मैं उस यात्रा के लिए तैयार हूँ जो हम इस पुस्तक में करेंगे, क्या आप भी इसके लिए तैयार हैं? संभवतः मैंने आपको यह कहते हुए सुना- "तो फिर मैं इस पुस्तक को पढ़ ही क्यों रहा हूँ?" हाँ, आप बिलकुल ठीक कह रहे हैं, परंतु मैं आपसे जो चाह रहा हूँ, वह इससे कुछ अधिक है। आइए, माउंट एवरेस्ट के शिखर की चढ़ाई के लिए इस अध्याय को हम बेस कैंप के रूप में प्रयोग करें। यह वह स्थान है जहाँ पर हम अपनी ऊर्जा, स्फूर्ति और सुविधाओं का पुनरावलोकन करेंगे। जैसा कि मैंने इससे पहले वाले अध्याय में कहा था कि मैं कोई ऐसा कोच नहीं हूँ जो अपने आप आपकी सहायता कर सके। मैं आपका वह शेरपा हूँ जो आगे की चढ़ाई के दौरान आपको धोखा दे जाने वाली या खतरनाक दरारों से बचने का रास्ता दिखाएगा तथा आपके ऑक्सीजन सिलेंडर को ठीक करेगा। मैं आपको सावधान करना चाहता हूँ कि जिस प्रकार पहाड़ के शिखर की चढ़ाई अपनी शारीरिक और मानसिक अवस्था के साथ पूरी तरह से ईमानदार होने की अपेक्षा रखती है, वैसे ही कैरियर में बढ़ता हुआ अगला कदम भी यह अपेक्षा रखता है कि हम अपने सामर्थ्य को ईमानदारी से जानें और समझें। मैंने इस पुस्तक का निर्माण

ही इस तरह से किया है कि यह आपकी व्यक्तिगत गाइड की तरह काम करे और जैसे-जैसे हम आगे बढ़ें, आप खुद की समझ को भी लिखते जाएँ, जो मैं चाहता हूँ कि आप अवश्य पूरी निष्ठा से करें। मेरा विशवास करिए आपके यह नोट्स आपके साथ काफी लंबे समय तक बने रहेंगे, तब भी जब आप शिखर पर पहुँच चुके होंगे। यह पुस्तक निश्चित रूप से आपके साहस और धैर्य को बढ़ाएगी और आपको अज्ञात के डर से परे ले जाएगी।

यह समझने के लिए कि एग्जेक्यूटिव का कैरियर कैसे चलता है, मैं आपको अपने कुछ शोधों के साथ इस बिंदु के और पास ले जाऊँगा। 2017 के एच-बी-आर- में रॉन कारुची (त्वद ब्ंतनबबप) का एक लेख छपा था जो एग्जेक्यूटिव की असफलता का परीक्षण करता था। इस लेख में उन्होंने लिखा है कि 38% एग्जेक्यूटिव लोगों ने यह स्वीकार किया कि उन्होंने कभी यह अपेक्षा नहीं की थी कि उनका काम अपने साथ इस तरह का अकेलापन और अलगाव लेकर आएगा, 54% ने यह कहा कि उन्हें उन कार्यों के लिए ज़िम्मेदार ठहराया जाता है जो उनके वश में ही नहीं हैं। कारुची ने इस लेख में लिखा कि जहाँ कुछ एग्जेक्यूटिव इन चुनौतियों का सामना करते हुए फले-फूले तो ढेर सारे इस भावनात्मक दबाव के भार के कारण टूट कर बिखर गए। यह कोई आश्चर्य की बात नहीं है कि जीवन के चालीस के दशक के मध्य में पहुँच चुके वरिष्ठ एग्जेक्यूटिव लोगों में मानसिक और शारीरिक तनाव से उत्पन्न होने वाली बीमारियाँ अधिक पाई जाती हैं। प्रश्न यह उठता है और यह प्रश्न उचित भी है कि क्या इन एग्जेक्यूटिव लोगों ने स्वयं को उन चुनौतियों के लिए ठीक से तैयार किया था जो चुनौतियाँ उनके जीवन में नौकरी में पदोन्नति अथवा नई नौकरी के साथ आईं? आपके लिए भी आवश्यक है कि आप व्यक्तिगत स्तर पर इस विषय को समझें। यह उचित होगा कि हम इस तरह के परिदृश्य की तुलना एवरेस्ट की चढ़ाई से करें। इस चढ़ाई में जैसे-जैसे

हम आगे बढ़ते जाते हैं, अगले कैंप तक पहुँचना और मुश्किल होता जाता है। विशेष रूप से कैंप चार से चोटी तक पहुँचना एक छलावा साबित हो सकता है। माउंट एवरेस्ट के एक गाइड के कुछ शब्द यहाँ अत्यंत ही महत्वपूर्ण हैं, "कैंप 4 के ऊपर स्थित मौत के क्षेत्र ने कई अत्यंत शक्तिशाली और कुशल पर्वतारोहियों की जान ले ली है। यह सिद्ध करता है कि एवरेस्ट पर चढ़ना गहन अभ्यास की माँग करता है... आप निश्चित रूप से इस बात को महसूस करेंगे कि यदि स्थितियाँ आपके प्रतिकूल हों तो एवरेस्ट अपनी डरावनी ख्याति को सिद्ध करता है। तब तक यदि आपकी तैयारी अच्छी न हो तो बहुत देर हो चुकी होती है।" ठीक इसी तरह से एक एग्जेक्यूटिव को यह चाहिए कि वह अपने कैरियर के प्रत्येक चरण में अपने कौशल को और निखारते जाएँ। यह लगातार निखार ही उन्हें आगे आने वाले भविष्य में नई भूमिकाओं और अतिरिक्त ज़िम्मेदारियों को सावधानी पूर्वक निभाने में मदद करता है।

मैंने 200 से अधिक चीफ एग्जेक्यूटिव अधिकारियों के साक्षात्कार लिए उनमें एक पक्ष जो मुख्य रूप से सामने आया, वह यह था कि बोर्ड और बाजार की अपेक्षाएँ कभी भी एक सिधाई में चलने वाली प्रकृति की नहीं होती। एक सफल और विफल व्यक्ति के बीच की विभाजन रेखा यही होती है कि उसने अपने कैरियर में कदम आगे बढ़ाने से पहले खुद को कितना तैयार किया। अधिकांश असफलताओं का कारण यह था कि वे एग्जेक्यूटिव बदलते हुए परिवेश के अनुसार खुद को ढाल नहीं पाए, वे उसके लिए तैयार नहीं थे और परिणामस्वरूप जब उनके सामने चुनौतियाँ आईं तो उन्होंने उनका सामना करने के लिए अपने सहज ज्ञान का सहारा लिया। कई ऐसे उदाहरण हैं, जब संस्थान में हो रहे बदलाव और उससे जुड़ी अपेक्षित गति को हासिल करने में कई नेतृत्वकर्ता या तो धीमे पड़ गए या उन्होंने इस गति के

अनुरूप चलने में इच्छाशक्ति ही नहीं दिखाई। आइए, इस तरह की एक घटना का संक्षिप्त परीक्षण करें। 2009 में जी-एम- ने अपने नए सी.ई.ओ. फ्रिट्ज हेंडर्सन को हटा दिया। हेंडर्सन जी.एम. में पच्चीस सालों से कार्य कर रहे थे, कंपनी ने उन्हें हटाने के पीछे यह तर्क दिया कि वह आवश्यक परिवर्तनों के लिए उत्प्रेरक नहीं बन पा रहे थे।

फॉर्च्यून पत्रिका के एक वरिष्ठ संपादक अलेक्स टेलर 111 के शब्दों में, "हेंडर्सन को जी.एम. के किसी भी अन्य सी.ई.ओ. की तरह एक स्मार्ट और अनुभवी व्यक्ति के रूप में याद किया जाएगा, किंतु यह भी सच है कि जब बोर्ड ऑफ डायरेक्टर्स की बातों को सुनना होता था, तो वह बिलकुल बहरे हो जाया करते थे। जब बोर्ड ने यह स्पष्ट कर दिया कि वह हेंडर्सन की जगह किसी अन्य को चाहते हैं तो हेंडर्सन ने इस योजना पर काम करने के लिए अपना पूरा समय लिया, परंतु बोर्ड को ऐसा लगा कि वह या तो कोई निर्णय नहीं कर पा रहे हैं या जानबूझकर इसे रोक रहे हैं। उनकी अगली असफलता वह थी जब जी.एम. ओपल के कुछ भागों को मैग्ना को बेचने की डील की गति धीमी पड़ने लगी। हेंडर्सन बोर्ड की इस भावना की गहराई को मापने में विफल रहे कि जी.एम. ओपल को एक रणनीतिक संपत्ति (strategic asset) के रूप में रखना चाहता था और वह इस निर्णय का अंत तक विरोध करते रहे। इस कारण से वह बोर्ड के साथ-साथ जर्मनी की सरकार की भी आँखों में खटकने लगे। यह जी.एम. के लिए एक असहज स्थिति थी। आगे अन्य आँधियाँ भी आईं, कई अन्य सौदे खटाई में पड़ गए, यह उनका 'बरमूडा ट्रायंगल क्षण' था, उनके कैरियर का वायुयान हिचकोले खाने लगा। इस पद को सँभालते हुए उन्हें अभी पाँच महीने भी नहीं हुए थे, जब उन्हें इस पद को छोड़ने के लिए कहा गया।"

लंदन स्कूल ऑफ़ बिजनेस एंड फाइनेंस के द्वारा हाल ही में कराए गए सर्वेक्षण में यह बात सामने आई कि जिन 1000 लोगों के मध्य यह सर्वेक्षण हुआ था, उनमें से लगभग आधे लोग अपने वर्तमान काम को छोड़कर कुछ और करना चाहते थे। इनमें से 48% अपने कैरियर के मध्य भाग में थे (44 साल से अधिक उम्र के थे)। जब उनसे उनके पसंदीदा कैरियर के बारे में पूछा गया तो 25% लोगों ने यह कहा कि वे आज जो कर रहे हैं, उससे खुश नहीं हैं। यह कुछ अनजानी-सी बात नहीं है। मैं भी जब अपने कैरियर के शुरुआती दौर में था, तो मेरा ध्यान इसके बजाय कि मेरा दिल क्या चाहता है, इस पर अधिक रहता था कि मेरे आस-पास की दुनिया मुझसे क्या चाहती है। लोगों के लिए यह एक सामान्य सी बात है कि वे एक ऐसे कैरियर का चयन करें, जिसमें अच्छी कमाई हो अथवा जिससे किसी और को खुशी मिले। कितनी बार आपने इस बारे में ठहरकर सोचा है? मुझे लगता है आपने ज़रूर सोचा होगा। यदि नहीं सोचा है तो अब ऐसा करने का समय आ गया है।

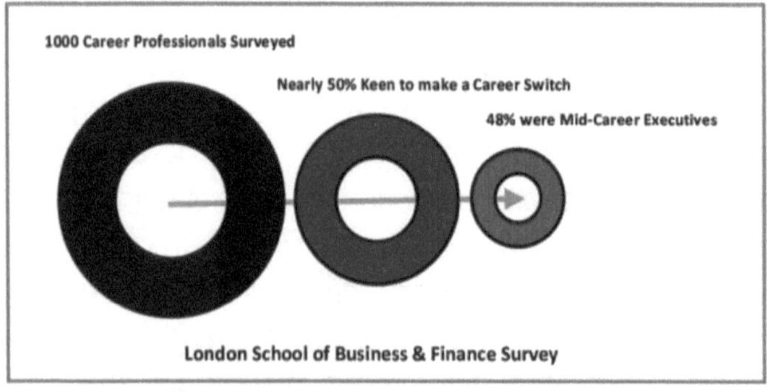

इस पुस्तक को लिखने के दौरान मैं कई ऐसे एग्जेक्यूटिव लोगों से मिला जिनकी उम्र 50 वर्षों से ऊपर थी और जो यह महसूस करते थे कि यदि उन्हें एक दूसरा मौका मिले तो

वे 40 के बाद की अपनी यात्रा को कुछ इस तरह से बदलना चाहेंगे कि वे अपनी वास्तविक क्षमता का परीक्षण कर सकें। रिक नामक एक व्यक्ति हैं, जो जूते बनाने वाली एक कंपनी के नेशनल सेल्स लीडर हैं और कुछ वर्षों बाद सेवानिवृत्त होने वाले हैं। उन्हें इस बात की ग्लानि है कि जब वे 42 साल के आस-पास थे तब कार्य के प्रति घटती ऊर्जा और इच्छा-शक्ति को ठीक करने में उन्होंने पर्याप्त ध्यान नहीं दिया, तब उन्हें ऐसा लगा कि यह आयु संबंधी बात है जो ठीक हो जाएगी। अब वह इस बात को स्वीकार करते हैं कि उस समय जब उनके मन में कुछ नया करने की इच्छा मज़बूत होती थी तब भी वह वही सब करते रहे, जो वे पहले से करते आ रहे थे। उन्होंने कोई जोखिम नहीं उठाया और इस मूर्खता में विश्वास करते रहे कि वह एक 'स्वप्निल नौकरी' कर रहे हैं, जबकि वह ऊब और नीरसता से भरते गए। उन्हें इस बात का बहुत बाद में एहसास हुआ, जब बाजार और उनके मालिकों ने उन्हें यह मानने के लिए मजबूर कर दिया कि उत्पादों की बिक्री घटती जा रही है।

सिंथिया डी. मैकाले और मारिआन एन. रुडेरमेन ने एग्जेक्यूटिव लोगों की असफलता के बारे में शोध किया है। इनका मत है कि ऐसा नहीं है कि वे सभी लोग जो इस क्षेत्र में शीर्ष पर पहुँचना चाहते हैं, पहुँच ही जाते हैं। ऐसे लोगों की संख्या काफी मात्रा में है, जो अपने कैरियर में बहुत सफल हैं, परंतु वे अपनी क्षमताओं का पूरा उपयोग नहीं कर पाए। जब कोई व्यक्ति किसी संस्था की उम्मीदों पर खरा नहीं उतरता और पटरी से उतर जाता है (जैसे- उसे निकाल दिया जाता है, डिमोट कर दिया जाता है, जल्दी रिटायर होने के लिए मजबूर किया जाता है या निष्क्रिय हो जाता है) तो ऐसे लोग संस्था को काफी क्षति पहुँचाते हैं, अपनी भी क्षति करते हैं और उनसे जुड़े हुए लोगों का हौसला भी कम होता है। सॉर्चर (1985) ने अपनी रिपोर्ट में यह दर्शाया कि वरिष्ठ

एग्जेक्यूटिव लोगों की विफलता की दर 33% तक है। हम इस बिंदु पर इस पुस्तक में बाद में गहराई से विचार करेंगे।

मोटे तौर पर देखें तो समय बीतने के अनुसार सामने आए कई अध्ययनों, विभिन्न वरिष्ठ एग्जेक्यूटिव के साथ कैरियर की दिशा संबंधी मेरी बात-चीत से निकले निष्कर्षों से यह लगभग सिद्ध हो गया है कि 20-60 साल के मध्य हर दस सालों के अंतराल के बीच के समय में कैरियर की गति को प्रभावित करने वाले दस मुख्य मापदंड हैं। 40 से 60 या उसके बीच के समय में एक्सपेरिएण्टियल नॉलेज डंप हमारे मस्तिष्क में सीखने की प्रक्रिया को चुनौती देना शुरू करता है। अपनी उम्र के चालीसवें पड़ाव को पार कर चुके एग्जेक्यूटिव अपने संस्थान की जमीनी हकीकतों तथा बाजार की आवश्यकताओं को अनसुना कर देते हैं। वे अपने प्रायोगिक ज्ञान और महत्वपूर्ण निर्णयों को आवश्यकता से अधिक महत्व देने लगते हैं। 50 से 60 वर्ग की आयु के बीच यह अकसर होता है कि जो लोग उनके सर्वाधिक महत्वपूर्ण परामर्शदाता होते हैं, उनसे उनका संपर्क टूट जाता है। पहले जो निर्णय सोच-समझकर लिए जाते थे, अब वह केवल क्षण भर की सोच पर आधारित हो जाते हैं। उनके कैरियर की योजना खराब मौसम में प्रवेश करती है, लेकिन उन्हें पहले से इस संबंध में कोई चेतावनी नहीं मिलती, यदि इसे और स्पष्ट रूप में कहें तो लाल बत्ती जलती अवश्य है, लेकिन उनका एक्सपेरिएण्टियल नॉलेज डंप शीशे पर इतनी धुंध जमा कर देता है कि वह लाल बत्ती उन्हें दिखाई ही नहीं देती। यही वह मुख्य कारण है जो कैरियर के मध्य में दुर्घटना का कारण बनता है तथा सर्वाधिक सफल कैरियर और यात्रा के मध्य में पटरी से उतर जाने वाले कैरियर के मध्य का अंतर होता है।

जब मैं अपने कैरियर में उठा-पटक के दौर से गुजर रहा था, बढ़ती हुई उम्र किसी एक्सप्रेस वे पर लिखी हुई दूरी की तरह मीलों पहले से दिखाई दे रही थी, तब मैंने रुक कर इस

बारे में ठंडे दिमाग से विचार किया कि मेरा वह वास्तविक उद्देश्य क्या है जिससे मैं अपनी ऊर्जा को प्राप्त कर सकता हूँ। अपनी वास्तविक क्षमता को फिर से जानने में कहीं काफी देर तो नहीं हो गई? क्या मैं हाई स्कूल के अपने साथियों से काफी पीछे रह जाऊँगा? इस विकट परिस्थिति से बाहर निकलने का मेरे पास क्या अवसर है? और इस प्रकार के कई अन्य विचारों ने मेरी ऊर्जा को पूरी तरह से सोख लिया। मुझे जल्द ही एहसास हुआ कि मेरा उद्देश्य कीचड़ में सनता जा रहा है, मेरे जीवन की नई वास्तविकताएँ मेरी प्राथमिकताओं का विनाश कर रही हैं और तब मुझे अपना मूल्यांकन करना पड़ा कि मैं कहाँ जा रहा हूँ। मैंने कुछ ऐसे लोगों के बारे में पढ़ना शुरू किया जिन्होंने परिवर्तन की प्रक्रिया को सफलतापूर्वक पार करके अपनी सोच और उद्देश्य को प्राप्त किया था। आश्चर्यजनक रूप से, मैंने यह पाया कि इस तरह के कई व्यक्ति थे, जिन्होंने ठहरकर विचार किया और सही रास्ते पर गए, तथा ऐसे कई व्यक्ति भी थे जिन्होंने अपने पहले के परेशानी व उदासी से भरे कैरियर को ठोकर मारी और फिर से एक नई शुरुआत की। मुझे अनुमति दीजिए कि मैं आपके सामने कुछ ऐसे नाम रख सकूँ, जिन्होंने मुझ पर अमिट प्रभाव छोड़ा है। यदि आप इनके बारे में पहले से जानते हैं तो आप इस टॉपिक को छोड़कर आगे बढ़ सकते हैं। परंतु देर से शुरू हुए कैरियर की इन सफल कहानियों को जानना आवश्यक है। इनमें से कोई भी ऐसा नहीं है, जो जन्म से ही जीनियस था या जो तुरुप का इक्का रहा हो, यह सभी सामान्य आदमियों जैसे ही थे। इनके अंदर भी कमजोरियाँ थीं, परंतु इन सबमें एक चीज समान थी और वह यह थी कि वे खास बनना चाहते थे। इन्होंने अपने जीवन की यात्रा को एक मिशन की तरह लिया। मैं आपसे यह अनुरोध करता हूँ कि आप अपनी रूचि के अनुसार इनके बारे में अवश्य पढ़ें।

मीडिया और कला

सैमुएल एल. जैक्सन ने 43 साल की उम्र में स्पाइक ली की फ़िल्म '*जंगली फीवर*' (1991) से अपने फ़िल्मी कैरियर की शुरुआत की। ऐसा नहीं था कि वह एक ऐसे परिवेश से आए थे कि उनका स्टार बनना तय था, फिर भी उन्होंने कैरियर की ऊँचाइयों को प्राप्त किया।

स्टेन ली ने 1961 में जब अपने पहले हिट कॉमिक 'द फैंटास्टिक फोर ' का निर्माण किया तब वह कुछ ही दिनों में 39 वर्ष के होने वाले थे। अपनी फिल्मों में खुद को किसी भी चरित्र में पिरो देने की इनकी कला पर मैं हमेशा आसक्त रहा हूँ।

बॉलीवुड के अभिनेता बोमन ईरानी को उनके जीवन के 40 वर्षों तक अभिनेता के रूप में कार्य करने का अवसर नहीं मिला। उन्होंने ताज होटल में एक वेटर और रूम सर्विस स्टाफ के रूप में कार्य किया। इसके बाद उन्होंने फोटोग्राफी तथा अन्य कई कैरियर में अपना भाग्य आजमाया और अंततः उनका 'ज़ीरो बल्ब मोमेंट' आया और 2001 में फ़िल्म में उन्हें ब्रेक मिला।

इन सभी ने अपनी ऊर्जा को बनाए रखा और अपने मिशन के प्रति मजबूत बने रहे, जैसे इन्हें पता हो कि अंततः इन्हें अपने कैरियर में कहाँ जाना है।

खेल-कूद

वेरा वैंग पहले एक स्केटर और पत्रकार थीं। 40 की उम्र में इन्होंने फैशन इंडस्ट्री में प्रवेश किया। आज वह विश्व की सर्वश्रेष्ठ फैशन डिज़ाइनर में से एक हैं।

दारा टोरेस ने 41 वर्ष की उम्र में 2008 के बीजिंग ओलंपिक में भाग लिया और तीन रजत पदक जीते। टोरेस

को 'कमबैक क्वीन' के नाम से जाना जाता है। इन्होंने ओलंपिक में बारह पदक जीते हैं।

पत्रकारिता और लेखन

टिम और नीना जेगात दोनों वकील थे, 51 वर्ष की अवस्था में इन्होंने रेस्टोरेंट रिव्यु का अपना पहला कलेक्शन प्रकाशित किया, 'जेगात' के नाम से। आगे चलकर यह खान-पान के क्षेत्र में एक विख्यात नाम बन गए। अरियाना हफिंगटन ने 55 वर्ष की अवस्था में अपने ही नाम से *द हफिंगटन पोस्ट* नामक समाचार प्रकाशन की स्थापना की। इससे पहले वह एक राजनैतिक विश्लेषक और लेखिका के रूप में काम करती थीं। जे.के. राउलिंग की *हैरी पॉटर सिरीज* की पहली पुस्तक जब प्रकाशित हुई तब उनकी उम्र 36 वर्ष थी। जूलिया चाइल्ड पहले विज्ञापन और मीडिया के क्षेत्र में काम करती थी। 50 वर्ष की उम्र में उन्होंने अपनी *पाक कला* (ब्ववा ठववा) की पहली पुस्तक लिखी। 1961 में इन्होंने सेलिब्रिटी शेफ के रूप में अपना कैरियर आरंभ किया।

व्यवसाय

सैम वाल्टन ने 1962 में रोजर्स, अर्कांसस में पहले वॉल-मार्ट की स्थापना की, इस समय उनकी उम्र 44 थी। हेनरी फोर्ड की उम्र 45 साल थी जब 1908 में उन्होंने मॉडल टी कार का निर्माण किया।

कैप्टन कृष्णन नायर ने 65 वर्ष की अवस्था में मुंबई में पहले लीला होटल को खड़ा किया। कैप्टन का विश्वास था कि 'उम्र मस्तिष्क की एक अवस्था भर है।'

आशा है कि ये उदाहरण कुछ विचारों को जन्म देंगे। यदि आप इंटरनेट पर खोजें, तो ऐसे कई अन्य उदाहरण मिल जाएँगे। यदि आप अपने दोस्तों या आस-पड़ोस में पूछेंगे, तो भी इस बात की उम्मीद है कि आपको कई ऐसे

लोगों के उदाहरण मिल जाएँगे जो शायद सेलेब्रिटी न हो, लेकिन निश्चित रूप से उन्होंने कुछ उल्लेखनीय कार्य किए होंगे, किंतु आप इस पर बहुत अधिक ध्यान केंद्रित मत कीजिए। आपकी यात्रा बिलकुल अलग है, और जैसा मैंने पहले भी कहा था, जब हम अगले कैंप की तरफ बढ़ेंगे तो यह आवश्यक होगा कि आप अपनी मनोदशा के प्रति पूरी तरह से ईमानदार बने रहें। काफी सोचने-विचारने के बाद तथा ऐसे मेरे मित्र एग्जेक्यूटिव, जिन्होंने मेरी इन संकल्पनाओं का गहन परीक्षण किया है, की सलाह के अनुसार मैंने इस पुस्तक के अध्यायों को इस तरह से बनाया है कि आप इनकी मदद से अपने 'स्व' को खोज सकें तथा एक ऐसे उचित परिणाम तक पहुँच सकें, जहाँ से अपने कैरियर की यात्रा हेतु आप पर्याप्त संसाधनों की व्यवस्था कर सकें।

अब समय आ गया है कि हम बेस कैंप से ऊपर की ओर आगे बढ़ें। अगले अध्याय में हम अपनी यात्रा की शुरुआत से पहले उस ढाँचे से परिचित होंगे, जिसका निर्माण मैंने खास-तौर से आपके बैकपैक के लिए किया है। मैं इसे 'क्यू ऐ पी ऐ' कहता हूँ, यहाँ पर 'क्यू' 20 से 60 साल की उम्र के बीच के किसी एक ऐसे दशक को प्रदर्शित करता है, जिसमें आप आप हैं। 'ऐ' आपके कार्य क्षेत्र के वातावरण के संबंध में आपकी व्यक्तिगत मजबूती के मूल्यांकन को व्यक्त करता है। 'पी' आगे की यात्रा के नियोजन को व्यक्त करता है, यह इस रास्ते में आगे आने वाली अप्रत्याशित स्थितियों की गणना करता है, जो आपकी सफलता को प्रभावित कर सकते हैं। 'ऐ' उन क्रिया-कलापों को प्रदर्शित करता है, सफलता के शिखर पर पहुँचने के लिए जिन्हें आपको करना होगा। सोच यह है कि आपके लिए इसे साधारण और प्रासंगिक रखा जाए और क्या करें और क्या न करें की भूल-भुलैया में खो जाने से बचा जाए। मैं यहाँ पर आप से कुछ अपेक्षाएँ रखता हूँ और इस हेतु आपसे अनुमति भी चाहता हूँ। मैं इस पुस्तक में

किसी भी बिंदु पर आपको आदेश नहीं दूँगा, परंतु हाँ, मैं हर कदम पर आपके साथ सहयात्री की तरह चलूँगा और शिखर तक की यात्रा के रास्ते में आने वाले हर विश्राम स्थल और दरारों को खोजने में आपकी मदद करूँगा ताकि आप अपने अंदर के वास्तविक 'स्व' को जान सके और इस यात्रा में सफल हो सकें। तो क्या हम यात्रा शुरू करें...?

✍ ✍ ✍

सफलता का सेतुः क्यू ऐ पी ऐ ढाँचा

"खुद को जानना गहन व्यक्तिगत ईमानदारी की माँग करता है। कठिन प्रश्नों को पूछने और उनके उत्तर देने से ही इसे प्राप्त किया जा सकता है।"

– स्टीफन कोवे

अध्याय की शुरुआत में ही पाठक से प्रश्न पूछना कभी भी एक अच्छा विचार नहीं होता, परंतु चूँकि मैं आपका शेरपा हूँ और इस यात्रा में आपका साझीदार भी, इसलिए मैं प्रश्न पूछने से खुद को रोक नहीं पा रहा।

आप स्वयं को कैसे जानेंगे? किसी एक विकल्प पर सही का निशान लगाएँ-

- मैं जानता हूँ कि मैं कौन हूँ, सौ प्रतिशत।

- मैं अपने अधिकतम व्यक्तिगत गुणों को बहुत अच्छी तरह से जानता हूँ।

- मैं अपनी आदतों तथा कुरूप वास्तविकताओं के बारे में अच्छी तरह से जानता हूँ।

- मैं अभी खुद को जानने की प्रक्रिया में हूँ।

आपको इस उत्तर को देने में कितने सेकंड्स लगे या अभी आप उसी उचित उत्तर को खोज ही रहे हैं?

हार्वर्ड बिज़नेस रिव्यू (एच.बी.आर.) में हाल ही छपे एक लेख में ताशा युरिच ने इस बात पर प्रकाश डाला है

कि अधिकतर लोग यही सोचते हैं कि वे अपने बारे में जानते हैं, परंतु वास्तव में ऐसे लोगों की संख्या 10-15% ही है। ऐसे चीफ एग्जेक्यूटिव ऑफिसर और वरिष्ठ नेतृत्व कर्ता जो इस विशिष्ट श्रेणी में आते हैं, उन्हें जानना और भी दिलचस्प है क्योंकि ये लोग अक्सर अपनी योग्यताओं और क्षमताओं का अधिक अंदाजा लगा लेते हैं। एक दूसरा अध्ययन यह कहता है कि 3600 से अधिक नेतृत्व कर्ताओं का यह मानना है कि वरिष्ठ नेतृत्व कर्ता अपनी योग्यताओं का अक्सर अधिक मूल्यांकन करते हैं। यह इतना अधिक होता है कि ताशा ने इसे 'सी.ई.ओ. की बीमारी' का नाम दिया है। जैसे-जैसे सीनियर एग्जेक्यूटिव कॉर्पोरेट की दुनिया में सफलता की सीढ़ी चढ़ते जाते हैं, वैसे-वैसे उन्हें सच्चा और खरा फीडबैक मिलने की संभावना कम होती जाती है। वे अपने ई.के.डी. फैक्टर से इतना ग्रस्त हो जाते हैं कि अपनी टीम तथा आस-पास के लोगों से ज़मीनी हकीकतों के बारे में पूछने में शर्म महसूस करने लगते हैं। उनकी अपनी वास्तविकता प्रायः सच्चाई से अलग होती है, ये लोग अपने आलोचकों को अपने से दूर कर देते हैं। मैंने यह महसूस किया है कि उच्चस्तरीय राजनीतिक संस्थागत संस्कृति, उच्चस्तरीय नेतृत्वगत विफलता को जन्म देती है। क्योंकि यहाँ आलोचकों को प्रायः विरोधी समझने की भूल की जाती है और ऐसे लोग बिजनेस एग्जेक्यूटिव नेटवर्क में सलाह देने वालों में अंतिम होते हैं। यह सच है कि स्वयं का मूल्यांकन अथवा स्वयं को ईमानदारी से जानने की इच्छा सामान्य नहीं है। यह लोगों में दुर्लभ होती है। प्रायः बिजनेस एग्जेक्यूटिव खुले सुझावों को सहजता से नहीं लेते और इस प्रक्रिया में ऐसे लोगों से घिर जाते हैं जो उनके 'यस मेन' होते हैं। ये लोग हमेशा उस एग्जेक्यूटिव की हाँ में हाँ मिलाते हैं तथा उसकी छवि के अनुरूप ही सुझाव देते हैं और इस प्रकार वह एग्जेक्यूटिव वास्तविकता से दूर हो जाता है।

इस अध्याय में 'क्यू.ऐ.पी.ऐ.' के दर्शन से और विस्तार से आपका परिचय होगा। मुझे यह अनुमति दीजिए कि मैं और अधिक गहराई में जाकर यह समझने में आपकी मदद कर सकूँ कि यह ढाँचा आपकी वर्तमान वास्तविकता के मूल्यांकन में किस प्रकार से मदद कर सकता है और आगे बढ़ने के लिए कार्य-योजना बनाने में यह किस प्रकार से उपयोगी है। जैसा कि मैंने पिछले अध्याय में ज़िक्र किया था, कोई जादुई मंत्र नहीं है, परंतु यह आपको एक संरचनात्मक दृष्टिकोण अवश्य उपलब्ध कराता है। मैंने अपने व्यक्तिगत अनुभवों तथा कई वरिष्ठ एग्जेक्यूटिव लोगों के अनुभवों को छानकर जो रस तैयार किया है, उसी से यह आसान ढाँचा तैयार किया है। यह ढाँचा न केवल आपकी सोई हुई क्षमताओं को खोजने की संभावना को बढ़ाता है, अपितु आपके अंदर आपकी स्वाभाविक मज़बूतियों के रूप में छिपे हुए आभूषणों को भी सामने ले आता है। मेरा यह सच्चा विश्वास है कि कैरियर में आपका निवेश मन के निवेश की योजना से अलग नहीं है। आपको एक ऐसे दृष्टिकोण की ज़रूरत है, जिसकी सहायता से आप समय-समय पर खुद की समीक्षा कर सकें, खुद में सुधार कर सकें और आवश्यक निवेश कर सकें, ताकि लंबे समय में आपको इससे लगातार फायदा मिलता रहे। हममें से अधिकतर लोग यह गलती करते हैं कि वे इस हवाई यात्रा में टिकट लेकर बैठ तो जाते हैं, परंतु बैठते ही ऊँघाने लगते हैं। इसके फलस्वरूप वे किस रास्ते पर जाएँगे, यह तय करने का पूरा हक उस जहाज़ के पायलट का हो जाता है। जब यह हवाई जहाज़ खराब मौसम में प्रवेश करता है, तो बादलों की गड़गड़ाहट या टक्कर उन्हें जगाती है। अब सोचिए कि यदि आप उसी हवाई-जहाज के पायलट है तो आप कितने सतर्क रहेंगे? इस बात पर ध्यान दीजिए कि हवाई-जहाज के सभी यात्री एक सुरक्षित यात्रा हेतु आप पर ही निर्भर हैं और अगर हम इस यात्रा को वास्तविक जीवन की यात्रा की तरह देखें तो इस यात्रा के पायलट तो आप ही होंगे लेकिन यात्री

होंगे आपके परिवार के सदस्य। यही मुख्य प्रश्न है। हम प्रायः अपने कैरियर को ऑटो-पायलट मोड में डाल देते हैं। साथ में यात्रा कर रहे अन्य लोगों, विशेष रूप से यदि आप परिवार के इकलौते कमाने वाले सदस्य हैं तो आप इस इस निर्णय के प्रभाव का आकलन करना कठिन होता है। परंतु निश्चित रूप से इससे होने वाली उठा-पटक को वहाँ भी महसूस किया जा सकता है।

फिलिप ने एक ऐसी नौकरी छोड़ दी जिसमें उन्हें अच्छा वेतन भी मिल रहा था और जिसमें वह खुश भी थे। उन्होंने एक ऐसी नौकरी पकड़ी जिसमें उनका वेतन वर्तमान की आमदनी से दुगना था। वह अपने साथ अपने परिवार को नहीं ला सके क्योंकि उनकी जुड़वा बेटियों का कॉलेज में दाखिला करीब था और इसके लिए उनका वहीं रहना आवश्यक था। फिलिप और उनकी पत्नी ने सोचा कि अगले दो सालों के लिए यह बहुत अच्छा निर्णय है क्योंकि इससे उनकी आमदनी बढ़ेगी, उधार चुकता हो जाएगा तथा बच्चों के कॉलेज दाखिले में फीस के लिए रकम भी आ जाएगी। परंतु दो सालों के बाद पति और पत्नी के बीच की दूरी फिलिप की पत्नी को तनावग्रस्त करने लगी। एक तरफ जहाँ वह अपने बच्चों का ख्याल रख रही थीं, तो दूसरी तरफ फिलिप के बूढ़े माता-पिता की देखभाल भी करती थीं जो उसी शहर में रहते थे। यहाँ तक की फिलिप भी अच्छा वेतन दे रही परंतु कम कुशलता वाली इस नौकरी पर पुनर्विचार करने लगे। यह नौकरी उन्हें संतोष नहीं दे रही थी। दूसरी तरफ संबंधों में दूरी उनके स्वास्थ्य पर बुरा प्रभाव डाल रही थी। उन्हें ऐसा लगने लगा कि वह एक सोने के पिंजरे में बंद हो गए हैं। यह स्पष्ट था कि उनका हृदय स्वतंत्र हो बाहर निकलकर खुशियों को पाने के लिए ललचा रहा था। वह अपनी बेटियों को कॉलेज में पढ़ते और बढ़ते हुए देखना चाहते थे और साथ ही अपनी पत्नी के साथ रहकर उसे भावनात्मक संबल भी देना चाहते

थे। उनकी पत्नी परिवार की व्यक्तिगत आवश्यकताओं की पूर्ति पर ध्यान देने के लिए पहले ही अपने कैरियर में ब्रेक ले चुकी थीं। ऐसे ही एक साल और बीत गया, स्थिति तेज़ी से एक मूक संकट में बदल रही थी। फिलिप के लिए हर छह महीने में गोल पोस्ट खिसक जाता था क्योंकि वह परिवार के साथ समय बिताने के लिए अक्सर छुट्टियाँ लेते थे। पैसे अच्छे मिल रहे थे, इसलिए नौकरी को छोड़ना मुश्किल था। तीन साल बीतते-बीतते उनकी पत्नी ने कहा कि अब उनसे यह सब नहीं सँभल रहा। उन्होंने आपस में विचार विमर्श किया और यह निर्णय लिया कि फिलिप त्याग-पत्र देकर वापस आ जाएँगे, परंतु चूँकि फिलिप अपनी नौकरी और परिवार के दो मोर्चों को सँभालते हुए अत्यंत व्यस्त हो गए थे, इसलिए उन्हें अपने लिए कोई 'प्लान बी' बनाने का समय ही नहीं मिला। अब वे कैरियर में जिस स्थान पर पहुँच चुके थे, अब उस स्तर की नौकरी स्वदेश में मिलना मुश्किल था। विशेष रूप से एक ऐसे अनिश्चित आर्थिक परिदृश्य में, जहाँ बहुत सारे लोगों की नौकरियाँ जा रही थीं। यह एक बड़ी कठिन पहेली थी। दोनों ने यह निर्णय लिया कि किसी भी स्थिति में फिलिप वापस आएँगे और वापस आकर अपना एक छोटा धंधा शुरू करने का प्रयास करेंगे। इसी समय हमारा संपर्क हुआ। इस बारे में विस्तृत विवरण आगे दिया जाएगा, यहाँ पर इतना ही कहना पर्याप्त होगा कि वे यह फिर से खोजने में सफल हुए कि वह अपनी जिंदगी में ऐसा क्या करना चाहते हैं, जिससे न सिर्फ उन्हें खुशी मिले बल्कि वह इतना कमा भी सकें कि उनकी खुशी कायम रह सके। 'क्यू ऐ पी ऐ ' फ्रेमवर्क ने उनके लिए बहुत अच्छा काम किया।

मेरा आपसे एक और प्रश्न है- क्या आप अपना ध्यान रखते हैं?

मैं एक अनुमान लगाता हूँ- संभवतः आप रखते ही होंगे। फिर वह कौन-सी बात है जो आपको इस हेतु रोक

रही है कि आप अपने रोजमर्रा के व्यस्त समय से कुछ समय निकालकर इस हवाई-यात्रा के सबसे महत्वपूर्ण व्यक्ति, पायलट के साथ, जो खुद आप ही हैं, बैठकर एक कप कॉफी पी सकें। हाल ही में एक साक्षात्कार में, जेफ बेजोस ने कुछ ऐसा कहा जो मुझे अत्यंत ही महत्वपूर्ण लगा। उन्होने यह उल्लेख किया कि कई वरिष्ठ एग्जेक्यूटिव और सी.ई.ओ. इसलिए अत्यधिक तनाव का अनुभव नहीं करते क्योंकि वह कठिन परिश्रम को नापसंद करते हैं, बल्कि इसका कारण यह है कि उन्हें ऐसा लगता है कि वह नियंत्रण से बाहर है। प्रायः ऐसा तब होता है जब उनकी दिनचर्या जितना समय है, उससे अधिक की माँग करती है। यह जानना रोचक है कि यह माँग उतनी बढ़ती जाती है जितना वे अपने कैरियर में सफलता प्राप्त करते जाते हैं। समय का अभाव उन्हें रुककर सोचने-समझने नहीं देता और अंततः वह अपनी उन सभी शक्तियों से दूर हट जाते हैं जिनके परिणाम स्वरूप उन्हें सफलता मिली थी।

मैं प्रायः यह सोचता हूँ कि मैं अपने जीवन के 30 के दशक में किधर जा रहा था, विशेष रूप से उन क्षणों में जब मेरे अंदर की आवाज़ ने मुझे यह चेतावनी दी कि मैं अपने रास्ते को भूल रहा हूँ, परंतु मैं इस भावना को शायद ही कभी एक संरचनात्मक चिंतन-मनन के रूप में ढाल पाया। मैं अपनी सफलता से इतना अधिक चिपका हुआ था कि कुछ अलग सोच ही नहीं पा रहा था। एक साधारण विश्लेषण इन कारणों की जड़ों में जाकर कुछ अनूठी अंतर दृष्टि प्रदान कर सकता था। मैं इसकी सहायता से जीवन के 40 के दशक के लिए अच्छी तैयारी कर सकता था। अंततः जब धक्के बढ़ने लगे तब मैंने अपने जीवन के जहाज को आटो-पायलट मोड में उतारने का निर्णय किया और ईमानदारी से अपने में कुछ सुधार किए। जब मैंने ऐसा कर लिया तो खेल बदल गया। मेरे कैरियर की यात्रा ने एक नई दिशा ली, मेरे लिए लेंस

बदल गया, ठीक उसी तरह जब मैंने अपनी पहली पोलरॉइड शेड्स को पहना था।

यदि आप एक गृहिणी हैं और एक संतुष्टि देने वाले कैरियर में लौटना चाहती हैं या आप एक वरिष्ठ एग्जीक्यूटिव हैं, अभी 40 के हुए हैं और यह सोच रहे हैं कि बीस सालों तक कठिन परिश्रम करने के बाद आपकी प्राथमिकताओं में परिवार कहाँ खड़ा है, तो आप एक ऐसे व्यक्ति हैं, जिसने अभी तक भले ही कुछ विशेष हासिल न किया हो, परंतु जो अपनी उम्र और अनुभव की परवाह किए बिना एक खास मुकाम हासिल करना चाहता है। मैं आपको अपने मित्र जेकब (परिवर्तित नाम) का उदाहरण देना चाहूँगा। जेकब को एक मशहूर ग्लोबल मीडिया कार्पोरेशन में छह सालों तक सी.ई.ओ. रहने के बाद ऐसा लगने लगा कि उसकी गतिशीलता ठहर गई है। इसी संस्था में 25 सालों तक काम करने के बाद वह अपना उत्साह खो रहा था। चीजें काफी पूर्व अनुमानित सी लग रही थीं। जेकब को यह दिख रहा था कि उससे युवा और तकनीकी रूप से दक्ष एग्जेक्यूटिव उससे आगे निकलने को तत्पर थे। जेकब यह जानते थे कि उनके पास अभी इतनी ऊर्जा बाकी है कि वे अगले पाँच वर्षों तक इन युवाओं से आगे ही रहेंगे परंतु उनकी घटती ऊर्जा उनके काम करने की क्षमता को प्रभावित कर रही थी। उन्हें ऐसा लगा कि उनका दिमाग उनसे जोर-जोर से यह कहना चाह रहा है कि रुककर विचार करो। जेकब ने ऐसा ही किया। मैंने और जेकब ने दो सप्ताह तक 'क्यू-ऐ-पी-ऐ-' ढाँचे का प्रयोग करके उनकी स्थिति का विश्लेषण किया और उसके बाद अत्यंत ही लगन से आगे की योजना तैयार की। अपने कम्फर्ट जोन को तोड़ना इतना आसान नहीं था, परंतु उन्होंने यह स्वीकार किया कि पिछले कई वर्षों में खुद को जाँचने का यह उनका सबसे सार्थक प्रयास था। जब वह अगले चरण के लिए पूरी तरह से तैयार हो गए, तो उन्होंने योजना को कार्य रूप देना शुरू किया।

जेकब एक ऐसी संस्था के सी.ई.ओ. थे, जो परंपरागत रूप से एक परिवार द्वारा चलाई जा रही संस्था थी। जेकब ने उस नौकरी को छोड़कर एक स्टार्टअप डिजिटल मीडिया कंपनी के सी.ई.ओ. की नई नौकरी करनी शुरू की और ऐसा करते हुए उन्होंने खुद को भी चकित कर दिया। अब उनका रक्त बेहतर ढंग से प्रवाहित होने लगा तथा उनका जोश वापस आ गया। अब जेकब एक युगांतकारी डिजिटल मीडिया कंपनी का निर्माण करने के रास्ते पर हैं, उन्हें सफलता मिलना निश्चित है। तो आखिर वह क्या था, जिसने उनके अंदर परिवर्तन किया? वास्तव में उन्होंने तार के दो कटे छोरों को आपस में जोड़ दिया और इस प्रकार करंट प्रवाहित होने लगा। तार का एक छोर था उनके उपभोगता-केंद्रित मस्तिष्क में चलने वाले विचार जिनको क्रियान्वित करना उन्हें पसंद था और तार का दूसरा छोर था, वह अपेक्षा जो बाजार उनसे कर रहा था। यह जुड़ाव जादुई था।

आइए, 'क्यू-ए-पी-ए' ढाँचे को जानें

यह फ्रेमवर्क चार स्तंभों पर खड़ा है- आयु सीमा, आकलन, योजना और क्रियान्वयन। इस ढाँचे यानी फ्रेमवर्क का प्रयोग करने के लिए कुछ निर्देशात्मक सिद्धांत नीचे दिए गए हैं। चूँकि आपका समय मूल्यवान है और हम शिखर तक की चढ़ाई तक का यह भाग ध्यान को भंग किए बिना पूरा करना चाहते हैं, इसलिए मैंने इन सिद्धान्तों को चार अन्य आसान चरणों में बाँट दिया है।

चरण १: यह बहुत ही आसान है। कृपया आप यह जान लें कि आप किस आयु सीमा में आते हैं। यदि आप 46 साल के हैं, तो आप सी (ब्) वर्ग में आते हैं। आयु सीमा का निर्धारण, मुझे यानी आपके शेरपा को आपके साथ मिलकर आपकी उच्चस्तरीय सफलता के लिए योजना बनाने में मदद करता है। यह फ्रेमवर्क यदि आम दृष्टिकोण के भार तले दब

जाएगा, तो अपने उद्देश्य को प्राप्त नहीं कर पाएगा। प्रत्येक आयु सीमा का आपकी वर्तमान स्थिति तथा आगे की यात्रा के लिए आवश्यक नियोजन के साथ सीधा और समानुपाती संबंध है। वे एग्जेक्यूटिव, जो आयु वर्ग सी (ब्) और डी (क्) में आसानी से यात्रा तय करते हैं, उनमें एक बात समान होती है कि उन्होंने 20-30 साल की आयु सीमा में पैसे बनाने के लिए अंधी दौड़ नहीं लगाई थी, बल्कि वे इतने समझदार थे कि उन्होंने अपने मस्तिष्क में वास्तविक लक्ष्यों को बनाए रखा। ये लक्ष्य उनके व्यक्तित्व के केंद्र बिंदु से जुड़े हुए थे। अपनी आयु के 30 के दशक में उनके पास यह समझ थी कि उन्होंने कठिन परिश्रम करके अपनी स्वाभाविक प्रतिभा के अनुसार उच्चस्तरीय कौशलों का विकास किया, ताकि जब वे अपनी आयु के 40 के दशक में पहुँचे तो उसकी चुनौतियों का सामना करने के लिए ठीक से तैयार रहें।

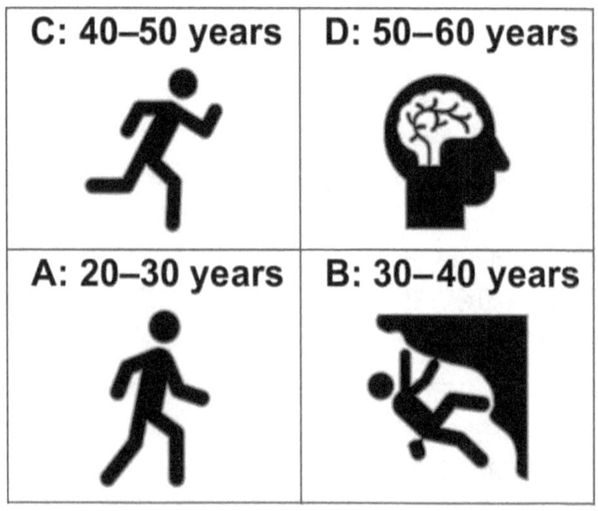

अपने साक्षात्कार में जेफ बेजोस ने इस बात को बहुत अच्छे तरीके से व्यक्त किया है कि यदि आप अपने जीवन

के प्रारंभिक वर्षों में कठिन परिश्रम द्वारा बार-बार उन पर धार नहीं देंगे, तो आपकी प्राकृतिक रूप से प्राप्त स्वाभाविक विशेषताएँ जंग खाने लगेंगी। आपको अपनी विशेषताओं को सँवारना होगा और उन्हें ठीक वैसे ही नहीं छोड़ना होगा, जिस रूप में प्रकृति ने आपको उन्हें दिया है। यदि आप ऐसा नहीं करेंगे तो आपका कैरियर उस बुलबुले की तरह होगा, जो एक क्षणिक उफान के बाद फूट जाएगा। युवा लोगों के लिए यह आवश्यक है कि वे कुछ ऐसा सोचें, जिसको प्राप्त करने के लिए उनके अंदर जोश और जुनून हो। यह एक स्वर्णिम नियम है कि यदि आप अपने काम को प्यार नहीं करते, तो आप उसमें अच्छी सफलता नहीं प्राप्त कर सकते। अंततः जीवन के आंरभिक वर्षों में किए गए आपके चयन ही आपके जीवन का निर्माण करते हैं। "आप एक ऐसा जीवन चुन सकते हैं, जिसमें आराम और सुकून हो अथवा एक ऐसा जीवन चुन सकते हैं, जिसमें सेवा और दिलेरी हो। विचार कीजिए कि जब आप अपने जीवन के 60 वर्ष पार कर चुके होंगे, तो इनमें से कौन-सा जीवन आपको गर्व से भर देगा?"

यदि आप आयु सीमा सी (C) या डी (D) में आते हैं, तो आपके पास एक बहुत अलग तरह का अवसर है, जिससे आप लाभ उठा सकते हैं। यदि आपने इससे पहले की आयु सीमा में पर्याप्त रूप से प्रयोग नहीं किया हो, तब भी आप यह लाभ उठा सकते हैं। इस समय आपके पक्ष में दो चीजें हैं, जिनको यदि उचित तरीके से जोड़ दिया जाए तो बेहतर परिणाम प्राप्त किया जा सकता है। पहला, आपके पास पिछली आयु सीमा की तुलना में दुगना समय है। दूसरे शब्दों में, आपके पास सफलता और विफलताओं का पर्याप्त अनुभव है, जिनसे यदि सीख ली जाए तो यह आपके लिए सर्वाधिक उपयोगी सिद्ध होगी। दूसरा, यह वास्तविकता कि आपके जीवन का एक उल्लेखनीय समय बीत चुका है, अपने साथ उद्देश्य पर ध्यान देने के लिए अति-आवश्यकता की भावना तथा उस

पर ध्यान केंद्रित करने के उद्देश्य को साथ में ले आती है। जब हम उम्र की आरंभिक अवस्था में होते हैं तब हम प्रायः यह सोचते हैं कि हमारे पास अपार समय है और हम अक्सर झोखिम उठाते हैं। इस स्थिति में यदि हमें आगे का रास्ता सीधा और स्पष्ट दिखता है तब भी हम कई विकल्पों के साथ प्रयोग करते हैं।

चरण २: अब हम फ्रेमवर्क के सबसे महत्वपूर्ण स्तंभ, स्व-मूल्यांकन की ओर बढ़ेंगे। यह काफी तार्किक है। आप जिस आयु वर्ग में आते है, उसके आधार पर आप आगे आने वाले अध्यायों में से किसी एक में अपना स्व-मूल्यांकन करेंगे, यह मापने के लिए कि आज आप कहाँ खड़ें हैं। लाओ त्सू के शब्दों में-

"दूसरों को जानना बुद्धिमानी है,

स्वयं को जानना वास्तविक ज्ञान है।

दूसरों को नियंत्रित करना मज़बूती है,

स्वयं को नियंत्रित करना वास्तविक शक्ति है।"

आइए, हम यह मान लेते हैं कि आप आयु वर्ग सी (ब्) में हैं। आपके पेशेवर और व्यक्तिगत लक्ष्यों को ध्यान में रखते हुए, आपको एक छोटा-सा व्यक्तिगत सर्वेक्षण करना होगा। बारह बिंदुओं की यह जाँच (जो अध्याय 5 में दी गई है) आपको यह जानने में मदद करेगी कि आप सही रास्ते पर हैं अथवा आगे चलकर आपका कैरियर पटरी से उतरने वाला है। हमें अंततः यह जानना है कि क्या आप काँच की दीवार को तोड़कर उससे बाहर निकलने के लिए तैयार हैं या नहीं।

चरण ३: अब जब आप खुद को जान चुके हैं, तब यह स्तंभ आपको आगे की यात्रा के लिए तैयारी में मदद करेगा। मैं इस स्तंभ के महत्व के बारे में इससे अधिक नहीं बता सकता हूँ कि जीवन के अधिकांश कार्य इसीलिए आशाओं के अनुरूप परिणाम नहीं देते क्योंकि उनकी योजना ठीक ढंग

से नहीं बनाई गई होती है। लंबी दूरी की दौड़ लगाने वाले श्रेष्ठ खिलाड़ी अपना पर्याप्त समय अपनी शक्तियों को जाँचने, कठिन अभ्यास करने तथा जिस ट्रैक पर उन्हें दौड़ लगानी है, उससे परिचित होने में लगाते हैं। पहले से ही उस ट्रैक के प्रत्येक मीटर के दृश्य को अपने मस्तिष्क में निर्मित कर लेने की क्रिया उन्हें हर सतह तथा मौसम की स्थितियों के अनुसार योजना बनाने में मदद करती है। ठीक इसी प्रकार से जब आप अपने कैरियर की योजना पर कार्य करेंगे, तो मैं हर अवस्था में विचार करने के लिए आपके साथ खड़ा रहूँगा, ताकि आप ठीक तरह से दौड़ सकें। यह साथ तब तक रहेगा जब तक कि नए ट्रैक पर आप पर्याप्त गति से दौड़ना शुरू न कर दें।

चरण ४: आइए, दौड़ को शुरू करें। यह वह स्तंभ है, जहाँ पर आप अपनी सुनियोजित योजना को कार्य रूप देंगे। यद्यपि यह बड़ा आसान लग रहा है, किंतु यह सबसे मुश्किल भाग है। जब हम अपने जीवन के उस आयु वर्ग में होते हैं, जिसमें सबसे अधिक उम्मीदें होती हैं, सबसे अधिक माँग होती है तब वापसी करना कभी भी आसान नहीं होता, परंतु वापसी करना मनुष्य की चेतना का ही एक भाग है। ऐसे कई उदाहरण मिल जाएँगे, जिनमें कई एग्जेक्यूटिव, उद्यमियों तथा गृहणियों ने अपने कैरियर की शुरुआत देर से की, अपने कैरियर की दिशा बीच में बदली अथवा अपनी वर्तमान नौकरी में ही खुद को नए ढंग से ढाला। योजनाओं को परिणाम का रूप देने के रास्ते में जो आधारभूत तत्व हमारे सामने खड़ा होता है, वह है हमारी जड़ता! वह जड़ता हमारे अपने सुरक्षा क्षेत्र के निर्माण अथवा परिवर्तन से डरने की मनोवृत्ति की उपज होती है। मैंने आगे के अध्यायों में इन दोनों बिंदुओं पर विचार किया है और अपने आस-पास के लोगों की कई ऐसी प्रेरक घटनाओं का उदाहरण भी दिया है, जिन्होंने निर्भीक होकर उस यथास्थिति को चुनौती दी। तो बस इतना ही है!

सिर्फ चार चरण और आप एक नई शुरुआत के लिए तैयार हो जाएँगे। यदि आपने इस फ्रेमवर्क को ठीक तरह से समझ लिया है। हम बेस कैंप चार की तरफ चढ़ाई के लिए तैयार हैं। यह चढ़ाई एवरेस्ट के शिखर तक पहुँचने के लिए सबसे कठिन और दुर्गम चढ़ाई होगी। यदि आप तैयार नहीं है तो थोड़ा ठहर जाइए, आपको बाद में यदि बेस कैंप में रसद लेने के लिए वापस आना पड़ा, तो इसका कोई फायदा नहीं होगा। ढाँचे के इन चार स्तंभों के संबंध में अपने मस्तिष्क को तरो ताजा कीजिए। यह चार स्तंभ 'क्यू.ए.पी.ए.' बाकी यात्रा में आपके साथ रहेंगे। बेस कैंप में हुई हमारी बात को याद करिए- आपके शेरपा के रूप में मुझे आप पर पूरा विशवास है और मैं चाहता हूँ कि आप इस यात्रा के लिए पूरी तरह से प्रतिबद्ध रहें।

'आप जो हो सकते थे, वैसा बनने के लिए कभी भी अधिक देर नहीं होती।'

- जॉर्ज एलियट

रिचर्ड एस वीडर एक सर्जन हैं तथा इन्होंने 'द व्यू फ्रॉम बिहाइंड द मास्क' नामक पुस्तक लिखी है। कई वर्षों के बाद उन्हें यह एहसास हुआ कि वह अपना पूरा जीवन चिकित्सा के क्षेत्र में बिताना नहीं चाहते। उन्हें ऐसा लगा कि यह एक ऐसे पेड़ की तरह है, जिसकी जड़ें लगातार घनी होती जा रही हैं, यह एक प्रकार का आध्यात्मिक एहसास था। वह आगे नहीं बढ़ पा रहे थे। तब उन्होंने अपने उस सफल कैरियर को छोड़ने का साहसिक निर्णय लिया। यह निर्णय उन्होंने तब लिया जब उनमें कुछ नया करने की ऊर्जा अभी बची हुई थी। उनके कैरियर में कुछ अनुचित नहीं था, परंतु रिचर्ड कागजी कार्यवाहियों, मुकदमों तथा डॉक्टर और रोगी के बीच कम

होती जा रही आपसी समझ से थक चुके थे। प्रत्येक व्यक्ति के अंदर यह क्षमता नहीं होती कि वह ऐसा कर सके, वह भी तब जब उसके निर्णय के पीछे ऐसे कारण हों, जिन पर उसका कोई नियंत्रण न हो, परंतु विकल्प हमेशा होते हैं, ये विकल्प छोटे और सरल उदाहरण से लेकर पूर्णतः निर्भीक और नए क्रिया-कलापों तक फैले होते हैं, आपको बस अपने दरवाजों को खोलना है।

आइए, इस अध्याय का अंत इन साधारण अभ्यासों से करें-

आप कौन हैं?

1. कोई एक नाम लिखिए, परंतु वह आपका असली नाम नहीं होना चाहिए। किसी ऐसे व्यक्ति का नाम लिखिए, जिससे आप परिचित हैं- कोई सेलिब्रिटी, कोई आइकन, कोई कॉमिक चरित्र, बचपन का कोई दोस्त अथवा कोई ऐसा व्यावसायिक उद्यमी, जिसने आप पर प्रभाव डाला हो।

2. इसके बाद अपने बारे में 12-14 शब्द का एक वाक्य लिखिए।

उदाहरणः

नामः रेम्बो

मैं एक ऐसा व्यक्ति हूँ जो हमेशा जोखिम लेना पसंद करता है। मुझे खुद को गतिशील रखने के लिए प्रतिदिन कुछ नया चाहिए।

नामः

मैं एक ऐसा व्यक्ति हूँ

यदि आपने इसे पाँच मिनट में पूरा कर लिया, तो बहुत अच्छा है। यदि ऐसा न कर पाए हों, तो इसे अभी रोक दीजिए, हम अगले अध्याय के बाद इसे फिर करेंगे। यदि रेम्बो वास्तव में खतरे उठाने में यकीन रखता है तो दोबारा अनुमान लगाने की जरूरत नहीं है।

अपने बैक पैक और जूतों के फीतों को कसकर बाँध लीजिए, अब चढ़ाई शुरू होने वाली है। अब हम साथ मिलकर सर्वाधिक रोमांचक भाग की ओर बढ़ने वाले हैं। अब समय आ गया है कि हम पहले स्तंभ यानी मूल्यांकन में, गहराई से उतर जाएँ।

✍ ✍ ✍

४

मेंढक की कहानी

❧

"यह विचार कि हम सब कुछ जानते हैं हमें कुछ सीखने नहीं देता।"

- क्लाउड बर्नार

इस अध्याय में चीजें बहुत रुचिकर होने वाली हैं! हम आपके बारे में बात कर रहे हैं। आप एक कप कॉफी लेकर किसी शांत कोने में बैठिए, हम थोड़ा ठहरकर सोचेंगे।

आपके विचार के लिए कुछ बिंदु प्रस्तुत हैं- अभी कुछ समय से आपके मस्तिष्क में कौन से विचार चल रहे हैं? क्या आपने कभी यह सोचा है कि आप बड़े कामों को करने के लिए बने हैं? संभवतः आप अच्छा पैसा कमा रहे होंगे, परंतु आप संतुष्ट नहीं होंगे। इसका कारण है कि जो प्रमोशन आपको मिलना था, वह आपके किसी साथी को मिल गया। अब नल से अमृत निकलना बंद हो गया है और अब आप अपने जीवन में किसी नए मोड़ या नए काम की तलाश में हैं, एक ऐसा काम जो आपके अंदर फिर से ऊर्जा भर सके। क्या आप अपने काम के दौरान थकान और खीज महसूस करते हैं और वह खीज कुछ हद तक घर तक भी लेकर आते हैं?

जीवन में कुछ ऐसे क्षण आते हैं, जब आपको अपनी व्यक्तिगत प्रतिबद्धता तथा अपने कैरियर में से किसी एक को चुनने के लिए मज़बूर होना पड़ता है। शायद आपको अपने माता-पिता या अपने बच्चों के साथ रहने के लिए या किसी

अन्य मज़बूरी में शहर बदलना पड़ता है। आपको ऐसा भी लग सकता है कि आपकी पारिवारिक ज़िम्मेदारियों ने आपके पैर बाँध रखे हैं। यदि आप स्वयं प्रसन्न नहीं हैं, तो दूसरों को कैसे प्रसन्न रख सकते हैं? जब हम हवाई-यात्रा में होते हैं, तो सुरक्षा संबंधी निर्देशों में यह भी शामिल होता है कि 'यात्रा के दौरान कोई आकस्मिक परेशानी होने पर साथी यात्रियों की मदद करने से पहले कृपया अपना ऑक्सीजन मास्क अवश्य पहनें।' जीवन में किए जाने वाले समझौते कभी खत्म नहीं होते। हम यह निर्णय नहीं करने वाले कि क्या सही है और क्या गलत। महत्त्वपूर्ण यह है कि आप जो भी निर्णय ले चुके हैं या लेने वाले हैं उनके पीछे यह दूरदृष्टि होनी चाहिए कि जब आप सेवा निवृत्त होंगे, तब आप खुद को किस रूप में देखना चाहेंगे।

क्या आपने मेंढक की वह कहानी सुनी है जिसे एक ऐसे गुनगुने पानी के अंदर रख दिया गया जिसे धीरे-धीरे और अधिक गरम किया जाना था। जब तक पानी खौलने नहीं लगा तब तक मेंढक को यह एहसास भी नहीं था कि अंततः क्या होने वाला है? तब तक मेंढक के लिए बहुत देर हो चुकी थी। अब वह कढ़ाई से बाहर नहीं निकल सकता था, तब तक वह पूरी तरह से पक चुका था। क्या आपने कभी महसूस किया है? आपकी तुलना मेंढक से करने का मेरा कोई इरादा नहीं है, न ही मैं यह कहना चाहता हूँ कि आप खौलते हुए पानी की कढ़ाई में हैं, परंतु मैं यह जानने के लिए उत्सुक हूँ कि आपके आस-पास पानी का तापमान क्या है? आपने कब अंतिम बार इसकी जाँच की थी? आइए, हम इस परिघटना का शीघ्रता से अध्ययन करें। सुधार के लिए यह अत्यंत ही आवश्यक है।

मेंढक का फंदा

आपके कैरियर में कई बार ऐसा हो सकता है कि आप जिस कंपनी में काम कर रहे हैं, उसमें किसी नई भूमिका

का या कहीं अन्य किसी नई नौकरी का ऐसा प्रस्ताव मिले, जिसमें कार्य की गुणवत्ता, सहकर्मी अथवा वह कार्यक्षेत्र बहुत उत्साहित करने वाले न हों, परंतु वेतन बहुत अच्छा हो। अब यदि आप वेतन को ध्यान में रखकर इस नए अवसर को स्वीकार कर लेते हैं, तो आपने पहले जिस रास्ते पर चलने का सोचा था, वह छूट जाता है और आप एक ऐसा दूसरा रास्ता पकड़ लेते हैं, जिस पर आमदनी सबसे अधिक हो।

ऐसे में आमदनी सबसे अधिक महत्त्वपूर्ण हो जाती है। शुरुआत में यह एक अच्छा निर्णय लगता है, तब पानी साफ और गुनगुना लगता है। कुछ महीनों या कुछ वर्षों के बाद कभी-कभी आपको यह महसूस होने लगता है कि अतिरिक्त आमदनी का आकर्षण अब कम हो रहा है। ऐसा इसलिए होता है क्योंकि आपका मस्तिष्क बार-बार आपको आपकी वास्तविक क्षमता की याद दिलाता रहता है। तब आपको ऐसा लगता है कि आप अपनी क्षमता का पूरा उपयोग नहीं कर पा रहे हैं और कभी-कभी बौद्धिक विकलांगता महसूस होती है। आपका मस्तिष्क अक्सर आपकी पुरानी नौकरी के बारे में सोचता है अथवा आप यह जानकर बेचैन रहते हैं कि आपके ही साथी अपने कैरियर में सहजता से आगे बढ़ रहे हैं। तब अदला-बदली की प्रक्रिया शुरू होती है। अधिकतम लोग अपने दिमाग को यह समझाने का प्रयास करते हैं कि 'अरे! स्थिति इतनी भी बुरी नहीं है।' ये लोग कटीली झाड़ी में जामुन खोजने लगते हैं, ताकि उसका कुछ रस निचोड़कर कुछ अधिक उत्साहपूर्ण और चुनौतीपूर्ण प्राप्त करने की अपनी प्यास को बुझा सकें। यह पुनः समायोजन और वातावरण से अनुकूलन की अवधि होती है, चाहे वह नई संस्था की कार्य-संस्कृति हो, जो आपको विषैली लग रही हो या आपके कार्य की व्यवस्था गुणवंत हो। ऐसी स्थिति में आप कोई भी प्रोजेक्ट ले लेते हैं और उसे वेतन प्राप्त करने के लिए करने लगते हैं। वास्तव में इस प्रक्रिया में आप जो अवसर गँवा रहे होते हैं, वह आपके बैंक अकाउंट में हर महीने आने वाले

वेतन से अधिक महँगा होता है। इसके बदले आप लगातार घटती हुई प्रेरणा, अत्यधिक तनाव तथा दिशा-भ्रम की कीमत चुकाते हैं। हर आगे आने वाला साल आपको उस लक्ष्य से और दूर करता जाता है, जिसको प्राप्त करने के लिए आपका हृदय तड़प रहा होता है क्योंकि अब यह अदला-बदली आपकी सहजता की तरफ झुकने लगती है। पानी और गरम हो चुका होता है, परंतु अब आप भी उस तापमान के प्रति अनुकूलित हो चुके होते हैं। आपको लगता है कि आप इसे सँभाल सकते हैं। क्या ऐसा है? मेंढक के फंदे में आपका स्वागत है।

आइए, हम नीचे दिए गए त्रि-आयामी ग्राफ का अध्ययन करें, जिससे इस परिघटना को बेहतर तरीके से समझने में मदद मिलेगी-

एक्स-एक्सिस (क्षैतिज) कैरियर की स्थिति को व्यक्त करने वाली रेखा है तथा वाई-एक्सिस (क्षैतिज) कथित तौर पर आपकी आय को प्रदर्शित करने वाली रेखा है। आइए यह मान ले कि जेड-एक्सिस (खड़ी रेखा) आपके हृदय में स्थित उद्देश्य की भावना को परिभाषित करती है। बीच में दी गई बिंदुवार रेखा आपकी 'सफलता का रास्ता' है, आपको उस अंतिम लक्ष्य (जिसे तारे से दर्शाया गया है) की ओर जाना है, वह लक्ष्य जिसे आप हमेशा प्राप्त करना चाहते हैं। यदि आप सफलता के रास्ते से विचलित हो गए (जैसा की वक्र रेखा द्वारा दिखाया गया है) तो इस स्थिति में पुनः उस रास्ते पर वापस जाने के लिए जो प्रयास और समय लगेगा, वह उस लागत के बराबर होगा जो आपने अपने उद्देश्य से विचलित होकर अदा की। इस विचलित रास्ते पर आप जितना भटकेंगे, यह ठीक वैसा ही होगा कि मेंढक कितने समय तक कढ़ाई में रहकर गर्मी को बर्दाश्त करेगा। यदपि मैंने इस विचलन के लिए पैसे को ही प्रधान कारक रूप में लिया है, परंतु इसके पीछे व्यक्तिगत प्रतिबद्धता जैसे कई अन्य कारण भी हो सकते हैं। सर्वाधिक महत्वपूर्ण बिंदु वह है, जहाँ से हम सुधार करते

हुए पुनः सही रास्ते पर वापस आ सकते हैं, जो दूसरे शब्दों में आपकी वापसी की यात्रा होगी। हमारा मस्तिष्क अवचेतन अवस्था में प्रत्येक स्थिति में हमारे लिए सर्वश्रेष्ठ रास्ते का चयन करता है। अपने उम्र की आरंभिक अवस्था में हम कहीं-न-कहीं अपने दिल में इस बात को महसूस करते हैं कि हम क्या करना चाहते हैं, परंतु इन भावनाओं को स्पष्ट रूप से समझने के लिए हम रुककर सोचते नहीं। हम उसी रास्ते पर चलते जाते हैं जो अलग-अलग क्षणों में हमें उचित लगता है। समय बीतने के साथ ऐसा होता है कि हम जो पाने के लिए, जो बनने के लिए निकले होते हैं, अब वह धुँधला होने लगता है तथा अब हम इस आधार पर अपना चयन करने लगते हैं कि दुनिया किसे ठीक समझती है और वह क्या है, जिसे हम तुरंत पा लेना चाहते हैं।

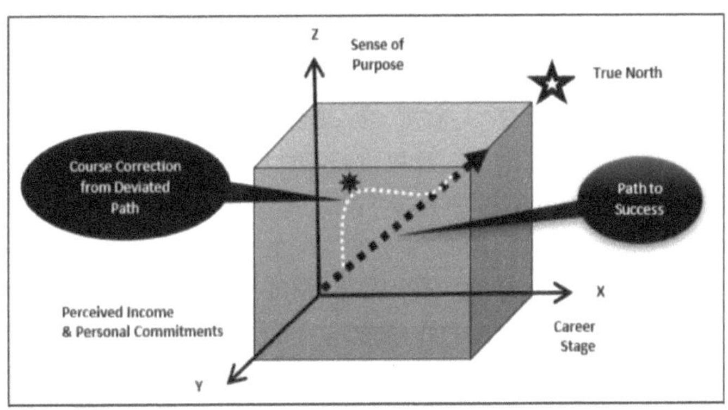

मैं एक उच्च-स्तरीय अमेरिकी मल्टीनेशनल कारपोरेशन में काम किया करता था, जिसमें मेरी गिनती सर्वश्रेष्ठ युवा एग्जेक्यूटिव में होती थी, परंतु मेरी आय उस दर से नहीं बढ़ रही थी, जिस दर से मेरी घरेलू जिम्मेदारियाँ बढ़ रही थीं। मेरे दो छोटे बच्चे थे, इनकी देखरेख के लिए मेरी पत्नी ने अपना कैरियर छोड़ दिया था। मेरा कर्ज बढ़ता जा रहा था क्योंकि मैंने एक नया घर और एक नई कार खरीद ली।

अपनी आमदनी को बढ़ाने के दबाव में आकर मैंने एक टेक सर्विसेज आउटसोर्सिंग फर्म में एक नई नौकरी ज्वाइन कर ली, जिसमें अच्छे पैसे मिलते थे। कुछ वर्षों तक तो पैसे अच्छे लगे, परंतु धीरे-धीरे मुझे यह महसूस होने लगा कि न तो यह नौकरी मेरी क्षमता के अनुरूप है और न ही मैं अपने परिवार के साथ पर्याप्त समय बिता रहा हूँ। धीरे-धीरे मेरा उत्साह कम होता गया और अब हर दिन मैं अपने को घसीटते हुए काम पर ले जाता था। तब मैंने यह निर्णय लिया कि अब मुझे सुधार करना होगा और मैंने एक ग्लोबल कंसल्टिंग फर्म में एक नई नौकरी ज्वाइन की। इस निर्णय ने मुझे मेरे कम्फर्ट जोन से बाहर निकाला क्योंकि मुझे अब अपने घर से सैकड़ों मील दूर रहना था। यद्यपि इस नौकरी से मेरी आमदनी बहुत अधिक नहीं बढ़ी, परंतु इसने निश्चित रूप से मेरी बौद्धिक क्षमता को तुष्ट किया। जब मैं पीछे मुड़कर देखता हूँ, तो मुझे अब भी लगता है कि वह मेरे जीवन में स्वयं द्वारा लिया गया सर्वश्रेष्ठ निर्णय था। इसने वापस मुझे बेहतरीन ढंग से मेरे उद्देश्य से जोड़ा। अब मैं खुद द्वारा चुने गए बेहतरीन लोगों के साथ मिलकर व्यवसाय को तेजी से आगे बढ़ा रहा था तथा इन लोगों के कैरियर को भी उनकी सच्ची क्षमता के साथ बढ़ाने में मददगार बन रहा था। अधिक धन कमाने के उद्देश्य से कुछ समय के लिए अपने रास्ते से अलग हटना तो ठीक है, परंतु अंततः बेहतर यही होता है कि हम उसी रास्ते पर चलते जाए, जो हमें हमारे उद्देश्य तक हमें पहुँचाता है। मैं ऐसे बहुत सारे एग्जेक्यूटिव लोगों को जानता हूँ, जिन्होंने अपनी क्षमता का पूरा उपयोग किया और अपने कैरियर में उत्कृष्ट उपलब्धियाँ हासिल की, वे ऐसा इसलिए कर सके क्योंकि उन्होंने दूरदृष्टि का सहारा लिया और हमेशा अपने लक्ष्य पर निगाहें गड़ाए रखीं। इनमें से प्रत्येक कभी- न- कभी विचलन या भटकाव का शिकार हुए, परंतु इन्होंने वापसी की। मैं आगे के अध्यायों में ऐसे कुछ लोगों की कहानियाँ आपसे साझा करूँगा, जिन्होंने अपने

कैरियर की यात्रा में भटकाव के बाद भी वापसी की। मैंने अपने साक्षात्कारों में जब उनसे पूछा कि ऐसा क्या था, जिसने उनके अंदर की आग को जलाए रखा और उनके जोश और जुनून को बनाए रखा तो उन सबका उत्तर एक ही था कि उन्होंने कभी भी खुद को धीरे-धीरे बढ़ते हुए तापमान में मूर्ख नहीं बनने दिया। उन्होंने अपनी स्थिति का परीक्षण किया, ठहरकर सोचा और इस बात का अध्ययन किया कि वे कितने विचलित हुए हैं, वापसी के लिए योजना बनाई और इस हेतु निर्णायक कदम उठाए।

मेरा विश्वास है कि पहले कदम के लिए मैं आपके मस्तिष्क को तैयार कर चुका हूँ। यह पहला कदम है - उस तापमान का परीक्षण, जिसमें आज आप खड़े हैं। अगला अध्याय इसी अध्याय का विस्तार होगा और इसी मुद्दे पर केंद्रित होगा। मैं आपसे यह गुजारिश करता हूँ कि आप एकाग्र होकर अगले दस मिनटों तक खुद को इसमें डुबो दें।

यह आपकी वापसी हेतु पहली खिड़की होगी।

✍ ✍ ✍

तापमान का परीक्षण

"आलोचना से बचने के लिए एक ही रास्ता है- कुछ मत करो, कुछ मत कहो और कुछ मत बनो।"

- अरस्तु

खुद की आलोचना करने के लिए साहस की आवश्यकता होती है। हम प्रायः अपनी क्षमताओं को बढ़ा-चढ़ाकर समझ लेते हैं और अपने आस-पास की चुनौतियों की उपेक्षा कर देते हैं। खुद को ठीक ढंग से समझना हमें वास्तविक चुनौतियों को समझने की क्षमता में और नजदीक ले जाता है, और इस प्रकार आगे हमारे किए जाने वाले कार्यों में मदद करता है। यदि हम अपने सिर को रेगिस्तान के बालू में छिपा देंगे तो यह एक शुतुरमुर्गी चाल ही सिद्ध होगी। यह वह अध्याय है, जिसमें हम अपनी वास्तविक स्थिति का परीक्षण करेंगे। इस हेतु मैंने आपके लिए एक छोटी-सी प्रश्नोत्तरी तैयार की है, जिसका ईमानदारी से उत्तर देकर आप आसानी से अपना परीक्षण कर सकते हैं।

इस सर्वेक्षण में बारह प्रश्न हैं, जिनका उत्तर आपको 1-10 के पैमाने पर देना है। एक क्षण ठहरकर इन प्रश्नों के साथ जुड़े हुए अपने जीवन के परिदृश्यों के बारे में सोचें और उसके बाद आपको जो भी उचित लगे, उसी बॉक्स में सही का निशान लगाएँ। इस प्रश्नोत्तरी को पूर्ण करने के पश्चात जो स्कोर निकलेगा, वह आपको यह बताएगा कि आप किस तरह के वातावरण के बीच कार्य कर रहे हैं। दूसरे शब्दों में,

यह बताएगा कि आपके आस-पास पानी का तापमान कितना है। हम अगले चरण की चर्चा बाद में करेंगे। आइए, पहले वहाँ पहुँचें। अपने आस-पास के पानी को अब और गरम न होने दें, यह आत्म-परीक्षण अभी शुरू कर दें तथा यह प्रयास करें कि प्रत्येक प्रश्न का उत्तर देने में आपको बीस सेकंड्स से अधिक न लगे। यह काम अधिक से अधिक 10 मिनट में हो जाएगा। याद रखें, यहाँ पर कोई सही और गलत उत्तर नहीं है। इसे सच्चाई से हल करें, यह आपके लिए ही है।

एक से दस के बीच किसी एक संख्या का चयन करें, यदि आप दिए गए कथन से खुद को न्यूनतम रूप से जोड़ते हैं तो 1 पर सही का निशान लगाए और यदि अधिकतम रूप से जोड़ते हैं तो 10 पर सही का निशान लगाएँ।		1	2	3	4	5	6	7	8	9	10
A	आपके वर्तमान संस्थान में जिस तरह का कार्य संबंधी वातावरण है, उसमें आप आनंद उठाते हैं।										
B											

		1	2	3	4	5	6	7	8	9	10
C	वर्तमान संस्थान में आपका एक नेतृत्वकर्ता के रूप में विकास हुआ है तथा आपके कैरियर को उचित अवसर प्राप्त हुए हैं।										
	एक से दस के बीच किसी एक संख्या का चयन करें। यदि आप दिए गए कथन से खुद को न्यूनतम रूप से जोड़ते हैं तो 1 पर सही का निशान लगाए और यदि अधिकतम रूप से जोड़ते हैं तो 10 पर सही का निशान लगाएँ।	1	2	3	4	5	6	7	8	9	10
E	आपको ऐसा लगता है कि आपकी गुणवत्ता के अनुसार उचित प्रतिफल या पहचान नहीं मिल पा रही है।										

G	आपकी औपचारिक सीख अधिकतम रूप से विषैली संस्कृति या उच्च-स्तरीय अस्पष्टता से आती है।										
I	आपके कार्य-स्थल पर एक क्षमतावान नेतृत्वकर्ता तथा एक पेशेवर व्यक्ति के रूप में आपको सम्मान मिलता है तथा आपसे वरिष्ठ नेतृत्वकर्ता भी आपका सम्मान करते हैं।										
K	आपका मस्तिष्क प्रायः आपकी वर्तमान स्थिति की तुलना आपकी पुरानी नौकरी या उपलब्धियों से करता है।										
M	आप अपने जीवन में आगे जो भी करना चाहते हैं, उसके बारे में आपकी समझ स्पष्ट है।										

P	असफलता का डर आपको खुलकर सोचने से अथवा अगला साहसिक कदम उठाने से रोक रहा है।									
R	आपके परिवार की आर्थिक सुरक्षा उन कारणों में से एक है, जिनकी वजह से आप अपनी वर्तमान नौकरी को नहीं बदल पा रहे हैं।									
V	आप इस बात को लेकर अत्यंत ही उत्साहित और सकारात्मक हैं कि आप अपने सपनों की ओर बढ़ रहे हैं।									
W	आप इस मामले में सौभाग्यशाली हैं कि आपके पास एक ऐसा परिवार है जो कि बदलाव हेतु आपके निर्णयों में आपका सहयोग करेगा।									

Y	आपके पास कोई ऐसा व्यक्ति है जो कल नौकरी के किसी नए अवसर के साथ आपको लिंकडिन पर मिलेगा।								

वाह! बहुत अच्छे। चलिए अब एक तीव्र विश्लेषण करें।

निम्नलिखित प्रश्नों की कुल संख्या नीचे दिए गए बॉक्स में लिखें-

EGKPRY में लिखे वक्तव्यों के लिए स्कोर जोड़ें।	X	
ACIMVW में लिखे वक्तव्यों के लिए स्कोर जोड़ें।	Y	
कुल स्कोर	X-Y	

आइए, अब नीचे दी गई तालिका का प्रयोग करते हुए आपके अपने वर्तमान तापमान क्षेत्र को चिह्नित करें-

स्कोर	-60 से -30	-30 से -6	-5 से -10	11 से 30	30+
तापमान क्षेत्र	ठंडा	सामान्य	सतर्क	गुनगुना	गरम

तो अब आप कहाँ हैं?

यदि आप ठंडे क्षेत्र में हैं, तो जैसा कि आप अनुमान लगा सकते हैं, आप बहुत अच्छा कर रहे हैं। जो कर रहे हैं, वो करते रहिए और कैरियर के जिस रास्ते पर आप हैं, उसी में आनंदित रहिए। यदि आपको कुछ परेशान कर रहा है, तो मैं आपसे यह अनुरोध करूँगा कि आप अपने मार्गदर्शक

गुरु अथवा विश्वासपात्र से बात करिए और जो बात आपको परेशान कर रही है, उसकी तह में जाने का प्रयास करिए। यह संभव है कि दो-तीन बार बात करने से ही आप अपनी परेशानी के कारणों को अच्छी तरह समझ जाएँगे। संभवतः, आप अपनी अंतरात्मा से जुड़े हुए हैं और आपको अपने कार्यक्षेत्र के संबंधों अथवा संभवतः सफलता की आपकी परिभाषा में कुछ आंशिक परिवर्तनों की ही आवश्यकता है।

यदि आप सामान्य क्षेत्र में हैं, तो स्थितियाँ आपके नियंत्रण में हैं, और आपके पास इस बात की अच्छी समझ है कि आप अपने जीवन और कैरियर में किस ओर जा रहे हैं, परंतु आपके लिए यह आवश्यक है कि आज से छह महीने बाद अथवा जब आपको ऐसा लगने लगे कि आपके कार्यक्षेत्र के वातावरण में एकरसता आ रही है, तो आप फिर से इस स्वमूल्यांकन को अवश्य करें। इस बात के कुछ आसार हैं कि आप सतर्क क्षेत्र की तरफ फिसल रहे हैं।

यदि आप सतर्क क्षेत्र में हैं, कृपया पीछे मुड़िए और देखिए कि कहीं आपने ट्रैफिक की लाल बत्ती को अभी-अभी पार तो नहीं किया है। यदि चीजें गरम नहीं हैं तो होने वाली हैं। आपका सहकर्मियों, वरिष्ठ सहकर्मियों अथवा व्यावसायिक वातावरण के साथ असंतोष सामने आने ही वाला है। शायद इसे आप अभी महसूस न कर रहे हों, परंतु मैं आपसे आग्रह करूँगा कि इस हेतु कुछ महत्त्वपूर्ण बिंदुओं की जाँच करें। क्या आपके पास इस बात पर विश्वास करने के कारण हैं कि आपका पेशा आपके नेतृत्वकर्ताओं, अधिकारियों अथवा उपभोक्ताओं की जाँच के दायरे में आने वाला है? आगे तक के दृश्य को जाँचें। क्या आपको आवश्यकता से अधिक ऊपर उठती हुई कोई तरंग दिख रही है? आगे के अध्याय में हम उन पूर्व आभासी चिह्नों के बारे में बात करेंगे, जिनसे आपको सतर्क रहने की आवश्यकता है। यह अत्यंत ही आवश्यक है कि आप इस बात पर नजरें गड़ाए रखें कि आप किधर जा

रहे हैं तथा आगे आने वाले किसी भी तूफ़ान से बचने के लिए अभी तैयारी कर लें।

यदि आप गुनगुने क्षेत्र में हैं, तो हमें गति बढ़ानी होगी। यात्रा की योजना को तुरंत फिर से जाँचना होगा। आप तूफ़ान से घिरे हैं, हो सकता है कि आपके ऊपर जो पानी के छींटे पड़ रहे हैं, वे अभी हानिकारक न लग रहे हों, परंतु ये छींटे शीघ्र ही मूसलाधार हो सकते हैं। अगले दो अध्यायों को तेजी से पढ़िए और अपनी दिशा का पुनर्निर्माण कीजिए। यह आवश्यक है कि आप कम्पास पर अपनी सही दिशा चुनें। यह निश्चित रूप से आपको आपके वास्तविक उद्देश्य से जोड़ेगा। उत्तेजना के क्षणों में अपने उद्देश्य को खोजना कठिन नहीं होगा, तब भी जबकि आपके आस-पास बहुत कुछ घटित हो रहा हो। कम्पास को रीसेट किए बिना आगे बढ़ना घातक सिद्ध हो सकता है।

यदि आप गरम क्षेत्र में हैं, तो हमें बात करनी होगी। एक रास्ता यह है कि हम इस पुस्तक के माध्यम से ही बात करते जाएँ। मैं आपका शेरपा हूँ और मुझसे आपकी आगे अभी और भी बहुत सारी बातें होनी हैं। ये बातें आपको जंगल में तुरंत रास्ता खोजने में मदद करेंगी, तथापि मेरा सुझाव है कि हम पहला रास्ता ही चुनें। आइए, अगले कुछ अध्यायों तक हम ऐसा ही करते जाएँ। इससे ही उत्तर निकलेगा। इसके साथ-साथ आप कुछ क्षण ठहरकर विचार अवश्य करें। मैं अत्यंत ही ज़ोर देकर कहना चाहूँगा कि आप प्रत्येक ससाह कम-से-कम तीन घंटे का समय केवल खुद के लिए निकालें। इस समय का उपयोग आप सोच-विचार के लिए करें और इस पुस्तक में दी गई कुछ बातों को अपनी क्रियाविधि का अंग बनाएँ। हर ससाह आपका लक्ष्य होना चाहिए कि आप ऐसे छोटे-छोटे लक्ष्य बनाएँ जो आपको जीत के और नजदीक ले जाएँ।

अपने वर्तमान तापमान का मूल्यांकन करने के बाद आपने अभी एक महत्त्वपूर्ण पड़ाव को पार किया है। वह पड़ाव है- ढाँचे के पहले खंभे 'एक्सेस' की नींव डालना और इस प्रकार

आपने अपनी सफलता के रास्ते की खिड़की खोल दी है। इसके लिए आपको खुद पर गर्व होना चाहिए। यह अनुभव कैसा था? मुझे आशा है कि उन दस मिनटों में जिनमें आपको केवल खुद के साथ रहना था, उसमें आपने स्वयं को बाहरी विचारों से विचलित नहीं होने दिया होगा। आप चाहें तो पुस्तक की वेबसाइट पर जाकर और विस्तृत रूप से अपना स्वमूल्यांकन कर सकते हैं। और यदि आवश्यक हो तो अपने शेरपा से व्यक्तिगत स्तर पर रिपोर्ट और सलाह प्राप्त कर सकते हैं।

अब जब यह अध्याय समाप्त हो रहा है, मुझे आशा है कि आपको सफल होने का एहसास हो रहा होगा। इस यात्रा में आपके एक सहयात्री के रूप में मुझे ऐसा ही लग रहा है। अब आपको रास्ते की खाइयाँ, घाटियाँ और हवा की रफ़्तार का पता चल गया होगा। और अब आप यह भी जान गये होंगे कि वह क्या था, जिसके कारण आपको अपने आदर्श रास्ते में आंशिक परिवर्तन करने पड़े। आइए, आगे के अध्यायों में हम आगे आने वाले रास्ते की रूपरेखा के निर्माण के लक्ष्य को हासिल करें। इसके लिए हम सबसे पहले आपके बैकपैक में रखी अनुपयोगी वस्तुओं को हटाकर उसका भार कम करेंगे। ऐसी वस्तुएँ, जिनकी अब आपको आगे की चढ़ाई में आवश्यकता नहीं है। और इस प्रकार हम किसी भी प्रकार अपने ऊपर किये गए संदेह को समाप्त करेंगे ताकि वह आगे चलकर आपके स्टेमिना, आपकी ऊर्जा को निगल न सके या शिखर पर आपकी चढ़ाई के रास्ते में न आ सके।

"प्रश्न यह नहीं है कि वह कौन होगा जो मुझे मेरे मन की करने देगा; प्रश्न यह है कि वह कौन है जो मुझे रोक सकेगा।"

- आयन रैंड

❦ ❦ ❦

आरंभिक चेतावनी

"किसी भी महान या उत्कृष्ट कार्य को सही अंजाम देने का केवल एक ही तरीका है कि आप उन सभी चीज़ों से प्रेम करें, जो आपकी गतिविधियों का एक हिस्सा हैं। यदि आपने अभी तक इस प्रेम को हासिल नहीं किया है, तो फिर इसकी तलाश करें। समझौता कतई न करें।"

- स्टीव जॉब्स

सन् 1996 में एक वाकया सामने आया, जब आठ पर्वतारोहियों ने एक ही दिन माउंट एवरेस्ट में दम तोड़ दिया। एक वीडियो दस्तावेज 'एवरेस्ट: दी डेथ जोन' में जोडी फोस्टर बयान करती हैं कि 'वाकई में माउंट एवरेस्ट के शिखर की तरफ 5-5 मील का क्षेत्र किस कदर नारकीय जीवन का गवाह बन सकता है, जब कोई भी पर्वतारोही पहाड़ों में पैदा होने वाली बीमारियों के शुरुआती लक्षणों को नजर अंदाज करे। आम तौर पर मितली और चक्कर आने जैसी परेशानियाँ मानव शरीर के भरण-पोषण के सामने गंभीर समस्याएँ पैदा कर देती हैं क्योंकि मानव शरीर को हमेशा हर पल ऊर्जा की जरुरत महसूस होती है। ऐसा अनुमान है कि 26 हजार फीट के क्षेत्र को 'डेथ जोन' यानी 'हादसों के क्षेत्र' के रूप में जाना जाता है, जहाँ हमारे द्वारा किए गए सारे फैसले बेमानी हो जाते हैं और किसी को भी दिशा के बारे में भ्रम हो सकता है। यहाँ पर मैं अपेक्षाकृत इसी ज्वलंत उदाहरण को पेश करना चाहूँगा ताकि उन जमानों से की जा रही गलतियों की

तरफ हमारा ध्यान जाए, जो अव्वल लोगों के द्वारा की जाती रहीं। जो निरंतर भविष्य के शिखर पर पहुँचने की फिराक में रहते हैं, वे प्रायः उन शुरुआती चेतावनी देने वाले लक्षणों पर ध्यान नहीं देते हैं। उनके प्रयोगों पर आधारित जानकारियाँ निष्प्रयोज्य साबित होती हैं, जो निरंतर यही इशारा करती हैं कि सब कुछ ठीक नहीं है।' पिछले अध्यायों में जिस तरह के आकलन या अनुमान प्रस्तुत हैं, वे पूरी तरह से उन्हीं असफल या पटरी से उतर चुके जटिल व्यवसायिकों की तरफ इशारा करते हैं। यहाँ हमारे लिए इन्हीं चेतावनी भरे लक्षणों को पहचानना और इंगित करना काफ़ी अहम् है, जो भविष्य के पथ पर ढेर सारे मायने रखते हैं।

चूँकि समूचे व्यवसाय संकुल या व्यवसायिक समुदायों पर इतना अधिक दबाव रहता है कि वे सीमा पार विवाद की वजह से अस्तित्त्वमान वृहत् आर्थिक घटनाओं, पर्यावरणीय घटनाओं, महामारी से पैदा होने वाली ढेर सारी उलझनों और इसी तरह की परिस्थितियों से घिरे अप्रत्याशित आशंकाओं से आवृत्त बाजार में शानदार, उत्सावर्धक और सराहनीय प्रदर्शन करें। इसी बीच व्यवसायिक अधिकारियों की माँग भी बढ़ती जा रही है। इनसे यही अपेक्षा रहती है कि वे सफलता की चोटी पर पहुँचे और इस खेल में सदैव आगे रहे। बहरहाल अपने भीतर शक शुबहों का घर कर जाना लाज़िमी है और इसे खासतौर पर अत्यधिक प्रतिष्ठित मुख्य कार्यकारी अधिकारियों के बीच में देखा जाता है। यह प्रवृत्ति सामान्य तौर पर और अधिक तब देखी जाती है, जब इन उच्च शीर्षस्थ मुख्य कार्यकारी अधिकारियों को लगातार अप्रत्याशित सदमों या झटकों को झेलना पड़ता है, जिसके लिए इनको प्रायः बोर्ड द्वारा चेताया जाता है। ऐसे कई तरह के भारी ज़िम्मेदारी सँभालने वाले अधिकारियों से भी मैंने जानबूझकर या अनजाने में बातें कीं, जो लगातार अपने भीतर अपर्यासता की कमी की भावना का शिकार होते जा

रहे हैं। सन् 2008 के अपने 'एच.पी.आर.' लेख में गिल कोरकिंडेल ने 'छद्मवेशी अपर्याप्तता की भावना विकसित करने वाले विषाणु' को परिभाषित करते हुए इसे 'अपर्याप्तता के अनुभवों के पिटारे' के रूप में देखा जो जबर्दस्त सफलता के बावजूद कायम है। उन्होंने महसूस किया कि गंभीरतम शक की बीमारी जो जेहन में घर कर जाती है और बौद्धिक धोखाधड़ी के भाव, प्रतिस्पर्धा या सफलता के किसी भी प्रकार के अनुभवों पर भारी पड़ जाते हैं। वे अपनी उपलब्धियों को आत्मसात करने में असमर्थ मालूम होते हैं, चाहे वे अपने विषय या क्षेत्र में कितनी भी महारत हासिल किए हों। उच्च उपलब्धियों को हासिल किए हुए लोग इन सारी चीजों से काफ़ी परेशान रहते हैं। इसलिए यह कहना वाजिब है कि धोखेबाज सिंड्रोम से कभी भी उन लोगों को वास्ता नहीं होता जो आत्मविश्वास में कमी के शिकार हैं। यह हकीकत है कि कुछ शोधकर्ताओं ने इसे 'पूर्णतावाद' से भी जोड़कर देखा है। अपर्याप्तता की भावना विकसित करने वाले विषाणु के शिकार लोगों के अनुभवों में तो एकरूपता देखी जाती है, लेकिन इसकी वजह से घट रही घटनाएँ कोई खास चर्चा में नहीं है। अभी हाल ही में यूनाइटेड किंगडम में तकरीबन एक हजार वयस्कों पर 'कार्य संतुष्टि' के बारे में एक सर्वेक्षण किए जाने से पता चला कि 80% रोजगार प्राप्त वयस्कों ने यह महसूस किया कि वे कार्य कर पाने में या तो सक्षम नहीं हैं या फिर उन्हें लगता है कि वे शायद कार्य के संबंध में अभी भी अपर्याप्तता की भावना महसूस करते रहते हैं। केवल 25% वयस्कों में ही 'धोखेबाज सिंड्रोम' के बारे में जागरूकता व्याप्त थी। साफ़तौर पर यह जाहिर हो गया कि कोई भी 'धोखेबाज सिंड्रोम' के चक्कर में नहीं पड़ना चाहता है। ये इस 'धोखेबाज सिंड्रोम' के शुरुआती लक्षणों को नजरअंदाज करते हैं और अपनी प्रायोगिक जानकारियों को ही तूल दिए जाते हैं। इसका असर यही दिखाई देता है कि ये फिलवक्त बाजार में या फिर आजकल के माहौल में फिट नहीं बैठते हैं।

इसलिए यह जरूरी और बेहतर भी है कि हम इस पचड़े में न पड़ें क्योंकि यह हमारे आत्मविश्वास के लिए नुकसानदेह है। इसका गलत प्रभाव यही होगा कि हम अपनी क्षमताओं को कमतर या दोयम दर्जे का समझने लगते हैं और फिर कोई कारण नहीं कि 'अपर्याप्तता की भावना विकसित करने वाले विषाणु' हमारे व्यक्तित्व में प्रवेश न करें।

एक प्रतिष्ठित एवं सफल व्यवसायी के रूप में सालों बिताने के बाद मैं भी एक नए संगठन में शामिल होने के लिए उपक्रम करने लगा। यह एक तरह से विचलन था जो केवल धन और बेहतर जीवन शैली के लिए था। फिर क्या था, मैंने नई कंपनी ज्वाइन कर ली। मैंने महसूस किया कि नई कंपनी के नए प्रभार के बारे में लंबे-चौड़े ढंग से कार्यशैली का वर्णन था, लेकिन हकीकत में नए प्रभार का वास्तविक स्वरूप तो पिछली कंपनी के प्रभार का भी एक चौथाई था। तब मुझे यह महसूस हुआ कि मेरे वरिष्ठों के द्वारा मुझे यानी मेरे भर्ती प्रबंधक के द्वारा मुझे गलत ढंग से बरगलाया गया था। अब मुझे हकीकत का पता तो लगा, लेकिन थोड़ी देर हो चुकी थी। अपनी बची-खुची बुद्धिमता के साथ या फिर अपनी रही सही समझ के साथ मैं निराश हो चला था। मैं अपने इस नए अवसर के भविष्य को सही ढंग से परख नहीं पाया था। मैंने भी अपने बीवी और बच्चों के साथ कई देशों की यात्रा की थी। इसलिए फिर बैक फुट पर आना तो कतई व्यवहारिक समाधान नहीं था। मैंने अब किसी भी तरह परिस्थितियों से तालमेल बनाते हुए अपने तरीके से इस संगठन में काम करने के लिए लक्ष्य निर्धारित किया। वैसे भी मेरे कला-कौशल एवं तजुर्बे में कोई कमी नहीं थी। केवल वक्त-वक्त की बात थी। मैंने यह भी सोचा कि आहिस्ता-आहिस्ता मैं बोर्ड एवं व्यवसाय के मालिकों को प्रभावित करने में सफल हो जाऊँगा ताकि मेरे अनुभवों को तरजीह देने के साथ ही मेरे कार्य क्षेत्र में भी विस्तार हो सके। मैंने ऐसा ही किया और

इस तरह से एक दिन ऐसा भी आया कि मैंने बोर्ड के 'टैलेंट एडवाइजर' के रूप में अपना अंतिम कार्य-प्रभार सँभाला। हालाँकि यह सफर खतरनाक रहा। इस दौरान मुझे नए कला-कौशल अपनाने पड़े ताकि हम नए माहौल में अपने को अच्छी तरह ढालते हुए इसे अपना सकें। मैं कई बार पानी में डूब चुका था और इससे मेरे विश्वास यानी भरोसे को कई बार ठेस भी लग चुकी थी। इसीलिए मैं पूरी तरह से शक से घिर चुका था। मुझे भरोसा या तसल्ली ही नहीं हो पाती थी कि मैं अपने विषय या क्षेत्र में दक्ष हो चुका हूँ। जबकि मुझे मेरी काबिलियत के लिए चहुँओर जाना जाता था। मेरा जहाज़ बादलों की ओट में गहरे समा चुका था। इसके साथ ही मेरी सारी मेहनत मेरे ही सामने ओझल हो चुकी थी। मुझे बार-बार लगता था कि मैं कहीं ढोंगी तो नहीं और इस तरह से मैं भीतर ही भीतर शक में डूबता जा रहा था। मैं लगभग पूरी तरह से टूट चुका था। किसी भी काम को करना या फिर काम करने की तैयारी करना मेरे लिए काफ़ी तकलीफ देह था। इसके साथ-ही-साथ अवकाश या सुकून के लम्हे तो अनंत काल के लिए दूर जा चुके थे। फिर इन सारी चीजों से निजात पाने के लिए मैंने अपने गुरुओं एवं आकाओं के उद्योग संजाल की शरण ली।

मैंने अपनी फिलवक्त के हालातों पर गौर फरमाने के लिए काफी वक्त लिया। इसके पहले कि हम अपने चारों तरफ पसरी हुई परेशानियों का जायजा ले पाते, मैंने इन सारी चीजों से उबरने के लिए एक योजना बनाई। लेकिन फिर मेरे मन में एक ख्याल आया कि एक ही विकल्प है कि इस काम को ही छोड़ दिया जाए और फिर किसी दूसरी नई कंपनी या संगठन की तरफ रफ़ख किया जाए। इसके अलावा मेरे सामने दूसरा रास्ता भी था कि इसी काम को करते हुए अपने को उभारा जाए। इसके लिए जाहिर तौर पर एक नए उत्साह और ऊर्जा की जरूरत थी और इसके अतिरिक्त ढेर

सारे धीरज की भी आवश्यकता थी। ये दोनों ही चीजें मुश्किल थीं। इसलिए मैंने फैसला किया कि अपनी ताकत और काम करने की प्रवृत्ति को बनाए रखने के लिए एक बार फिर नए सिरे से अपनी उन निहित कार्य क्षमताओं को काबिलियत को टटोला जाए, जिनके बलबूते पर मैं आज इस स्थिति या इस शानदार पद-प्रतिष्ठा को हासिल कर चुका था। यह एक महज संयोग ही था कि दोनों ही दरवाजे या दोनों विकल्प एक ही साथ खुले हुए थे। मेरे पास एक अग्रणी वैश्विक कंपनी से शानदार प्रस्ताव मिल चुका था। इसके अलावा एक कंपनी के बोर्ड के सदस्य के द्वारा मेरे ऊपर उनके साथ शामिल होने के लिए दबाव डाला जा रहा था क्योंकि उन्हें मेरे काबिलियत पर पूरा भरोसा था कि मेरी वजह से उनकी कंपनी को आगे चलकर ढेर सारे फायदे मिल सकते थे। मैंने इस दूसरे प्रस्ताव को सहजता से स्वीकार कर लिया।

वैसे भी एक जहाज़ से दूसरे जहाज़ पर उछल-कूद करना आसान है यानी कि किसी के लिए भी एक कंपनी को बदलकर दूसरी कंपनी में आते-जाते रहना तो आसान है, लेकिन कितना अच्छा लगता है कि हम सहज स्वाभाविक तरीके से एक ऐसे संगठन या कंपनी की संस्कृति में रच बस जाएँ, जिससे आपका स्वाभाविक लगाव हो। अब मैं फिर से और अंतिम रूप से अपनी पुरानी कंपनी में वापसी कर चुका था। मैं अपने पारिवारिक सदस्यों, पथ प्रदर्शकों और उस टीम का अत्यंत आभारी हूँ जो लगातार पिछले बीस महीनों से मेरे साथ खड़े हैं। अब मेरी कहानी का अगला हिस्सा मेरे भीतर छिपी अटूट लोकप्रियता से सराबोर बहादुरी और जीवटता से जुड़ा है, तो आपसे कुछेक सवालात किए जाते हैं।

हम इस पुस्तक के छठवें अध्याय पर पहुँच चुके हैं और इसके साथ ही हम विश्वासपूर्ण कदम उठाने जा रहे हैं। हमें पूरी तरह भरोसा है कि हमारी भागीदारी हमें इतना तो मजबूत कर ही चुकी है कि हम आपसे गुजारिश करें कि

आप अपनी पेंसिल अपने हाथों में लेकर अपने आत्मचिंतन को कोरे कागज पर दर्ज करें और इसका भी उल्लेख करें कि जिन चेतावनी भरे लक्षणों का जिक्र मैंने आपसे किया है, कहीं वे आपके अनुभवों में शामिल तो नहीं।

ये अनुभव इस तरह के भी हो सकते हैं कि काम करते समय आपको कैसा महसूस होता है, या फिर आप रात के समय कितने बेहतर तरीके से नींद या झपकी ले पाते हैं। क्या आप भी कहीं आत्म संदेह या अपने भीतर शक की बीमारी के शिकार तो नहीं हैं? आखिर कौन-सी ऐसी सबसे बड़ी उपलब्धियाँ हैं, जो आपने हाल ही में व्यवसायिक तरीके से या निजी तौर पर हासिल की हैं? आप इस बात को अपनी डायरी में हमेशा दर्ज किया करें कि आज अपने कैरियर में आप कैसा महसूस करते हैं, या फिर आज आप अपनी जिंदगी में जिस चरण में हैं, उसमें आपको कैसा लगता है? आप बिजनेस एग्जेक्यूटिव हो सकते हैं, या फिर आप उद्यमी या व्यवसायी हो सकते हैं, या फिर किन्हीं अलग-अलग व्यवसायों में लगे हुए हो सकते हैं, इससे कोई मतलब नहीं है। आपको मतलब सिर्फ इस बात से होना चाहिए कि आपको जरूरत है कि आप थोड़ा ठहरकर इत्मीनान से अपने बारे में सोचें। जैसा कि मैंने पहले ही कहा कि आपकी व्यक्तिगत या निजी डायरी में ये सारी चीजें शामिल होनी चाहिए और यह खास महत्वपूर्ण है कि आप इसे अपने ईमानदार आंकलन के जरिए पाक साफ रखें। आप यदि चाहते हैं कि और भी लोग आपकी जीवटता और लोकप्रियता से जुड़ कर आगे आए तो आप इन सारी चीजों को इस किताब में 'वेबवेटिल' पर भी दर्ज कर सकते हैं।

यदि अभी तक आपको किसी भी तरह के शुरुआती चेतावनी भरे लक्षण मालूम नहीं होते हैं, तो फिर आपको जरूरत है कि आप थोड़ा-सा गहराई से सोचें, या फिर आप उन 17% सुनहरे कैरियर के लिए हाथ आजमा रहे एग्जेक्यूटिव

के रूप में शामिल हो सकते हैं, जिनको 'धोखेबाज सिंड्रोम' से लड़ने का आज तक कोई मौका नहीं मिला। यदि ऐसा है तो वाकई में मैं तुम्हारे लिए बहुत खुश हूँ। कुछेक स्तरों पर ऐसा भी लगता है कि आप अपने अंतर्निहित उद्देश्यों से अपने आपको जोड़ लेते हैं। तो फिर आप ऐसी स्थिति में पहुँच जाते हैं, जहाँ आपसे ताकतें जुड़ जाती हैं और आप रोजमर्रा की कार्रवाइयों के द्वारा अपनी नियति को एक आकार देना शुरू कर देते हैं। मैं आपको 'बुक पोर्टल' के 'एडवाइजरी ब्लॉग' पर आने के लिए निमंत्रित करता हूँ, ताकि आप भी अपनी कहानी दूसरों के साथ साझा कर सकें।

यदि आप उन 85% लोगों में शामिल हों, जहाँ मैं भी पहले रहा था, तो मुझे उम्मीद है कि आपने भी शुरूआती चेतावनी देने वाले लक्षणों को महसूस किया होगा, जो आपमें अपर्यासता की भावना विकसित करते रहे होंगे। और यही हमारे जीवन की यात्रा का एक मुख्य हिस्सा है। क्या यह हकीकत में चेतावनी पैदा करने वाला नहीं है। यह भी हो सकता है कि आप सफलता की चोटी की एक झलक को महसूस कर सके हों। मैं भी यह महसूस करता हूँ कि वहाँ का माहौल ऑक्सीजन युक्त और कुरकुरा होगा। आपके ऊपर बोझ भी अधिक हलका होगा, यदि इन सारी चीजों को दार्शनिक लहजे से लिया करें। आप हमारे अनुभवों को साझा करते होंगे। इसलिए अब समय आ गया है कि हम अंतिम रूप से प्रगति के लिए कमर कस लें और इसके लिए आप योजनाएँ बनाने के लिए तैयार हो जाएँ और सफलता के शिखर तक आगे पहुँचने के लिए अपनी योजनाओं को अपने सिरे से रूप दें।

चूँकि अब हम अगले अध्याय की तरफ आगे बढ़ रहे हैं। तो हमें आपको भरोसा देने होगा कि आपकी जागरूकता की उच्चतम चेतना ही आपको अगले पड़ाव तक पहुँच पाने में मददगार होगी, जो आपके दिक्सूचक यंत्र को भी अच्छी

तरह से दुरुस्त कर देगी। फिर कभी कोई भी बेतरतीब घटना नहीं घट पाएगी। तो आज हम सच्चे दिक्सूचक यंत्र की तलाश कर लें। अब पेज पलटें।

<table>
<tr><td align="center">My Reflections</td></tr>
</table>

My self-doubts and concerns:
1.
2.
3.

What have I done to address them:
1.
2.
3.

My Reflections = गहन चिंतन

My Self Doubts & Concerns = आत्म संदेह

What have i done to address them = मैंने उन्हें हल करने के लिए क्या किया है?

✄ ✄ ✄

आपकी सही दिशाः योजना।

बिल्ली - कहाँ जा रही हो?

एलिस- मैं किस रास्ते जाऊँ ?

बिल्ली- यह इस पर निर्भर करता है कि तुम कहाँ जा रही हो।

एलिस- मुझे नहीं पता।

बिल्ली- तब तुम्हें इससे भी मतलब नहीं होना चाहिए कि किस रास्ते तुम जाओ।

- लुईस कैरोल 'एलिस इन वंडरलैंड'

यह मेरा हर वक्त का सबसे अधिक पसंदीदा डॉयलाग रहा है, जो हम स्कूल के दिनों में अक्सर सुनते आए हैं। आप इस बात को बखूबी समझते हो कि आप अपने रास्ते भटक गए हैं या फिर पीछे छूट गए हैं। यदि आप ऐसा समझते हैं तो यह निश्चित तौर पर आपके भीतर के जागरूकता के भाव को जाहिर करता है, जो कि काफी अहम् है। लेकिन यदि आपको यह भी मालूम है कि आप किधर जाना चाहते हैं, तो यह आपको भविष्य का रास्ता दिखलाता है, जो सफलता की तरफ ले जाता है। चौथे एवं पाँचवे अध्याय में आपने शेरपा को इजाजत दी कि वह आपसे कुछ ऐसे खोजी सवालात पूछे ताकि आपका बेहतर आंकलन हो सके कि आप अपने कैरियर की यात्रा में कहाँ तक पहुँचे हैं। और बहुत अधिक हद तक यह मुमकिन है कि आपको शुरुआती चेतावनी भरे लक्षणों का एहसास हो, जो आपको अपने पसंदीदा और सबसे

आदर्श रास्ते से भटक जाने का एहसास दिला रहा हो। अब आपको अपनी हालत और हालात की जानकारी हो गई होगी, तो ऐसे में उचित यही होगा कि आप पहले ही यह अच्छी तरह समझ लें कि आपको कहाँ जाना है, ताकि आपको उस रास्ते का पता चले कि आपको किस रास्ते पर चलना है। इस अध्याय के अंत तक आप इस काबिल हो जाएँगे कि आपको अपने 'दिक्सूचक यंत्र' का इस्तेमाल कैसे और कब करना है, ताकि आपको सही दिशा और दशा की जानकारी हो सके और गलत रास्तों से हटकर आप एक साफ- सुथरे और पुश्ता रास्ते पर चलें ताकि आपको मनचाही और सुकून देने वाली मंजिल मिल सके।

ऐसा कहा जाता है कि जब आपका सामना सबसे कठिन चीजों से होता है, तो फिर सबसे बढ़िया, सबसे अच्छा निकलकर सामने आता है। यानी आपमें से कोई-न-कोई सबसे बड़ी अच्छाई सामने आती है। इसलिए ज़रूरत है कि आप अपने भीतर गहरे झाँककर देखें। मि. स्कॉट पेक ने काफी सुंदर ढंग से कहा है- फ्हमारे सबसे बेहतर लम्हे हमारे पास तभी हो सकते हैं, जब हम अपने भीतर गहराई से असहज या मुश्किल महसूस करें, उदास हों या फिर एकदम असंतुष्ट हों। क्योंकि ऐसे ही लम्हों में हमारी ढेर सारी परेशानियाँ और मुश्किलें हमें इतना बेचैन कर देती हैं कि हम पुरानी घिसी-पिटी रोजमर्रा की बोर करने वाली आदतों से पार पा जाते हैं और फिर किसी दूसरे नए सबसे अलग रास्ते की तलाश जारी हो जाती है। ताकि हम सही मुकाम तक पहुँच सकें और हमें हमारा सही जवाब मिल सके। अपने अच्छे-खासे बीस सालों के कैरियर में मैं सबसे अधिक ऊँचाई पर रहा था। हमेशा से अव्वल दर्जे पर रहा, हमेशा ही तेज रफ़्तार से चलने वाला रहा और कभी-कभी हमें जाने-माने 'पोस्टर ब्वॉय' के रूप में भी देखा जाता रहा। और फिर एक दिन ऐसा भी आया कि मेरे जेहन में एक नया समीकरण उभरकर सामने आया। यह एक नया ख्याल मेरा पीछा ही नहीं छोड़ता था। किसी

भी मीटिंग या समारोह में यह मेरे सिर पर लटके बादलों की तरह मालूम होता रहता था। जहाँ कहीं भी मैं जाऊँ, इस वहम ने या इस अजीबोगरीब ख्याल ने मेरा साथ नहीं छोड़ा। जैसे ही मैं घर वापस आया, तो मुझे लगा कि मैं अपने इस फितूर को अपने कार्य से भी अधिक तवज्जो देने लग गया हूँ और मुझे लगने लगा कि मेरे विचारों को पैदा करने वाली इंजन ठप हो जाएगी। घटते प्रतिफल के नियम भारी नुकसान करने पर आमादा थे क्योंकि मुझे लगता था कि मेरे दिमाग में मौजूद सारे तजुर्बों पर टिकी जानकारियाँ हवा हो जाएगी। इसी तरह की हरकत आगे भी जारी रही और हर एक चीज उलटी-पुलटी नजर आ रही थी। मैंने भरपूर कोशिश की कि नए विचारों को अपनाया जाए और एक नई 'कार्य योजना' पर विचार किया जाए क्योंकि तभी किसी तरह की बढ़ोत्तरी मुमकिन थी। इसका मतलब यह भी नहीं था कि मैं अपने में कुछ खास जोड़ रहा था, लेकिन यह भी साफ हो चला था कि कुछ पुरानी पड़ चुकी और सड़ी गली आदतें एवं व्यवस्थाएँ फिर से नए सिरे से शुरू होने वाली थीं। जैसे ही मैं ऑफिस में बैठने की कोशिश करता, मेरे जोश-खरोश ढीले पड़ जाते। मेरे जेहन में बीते शुक्रवार की शाम की यादें तैर रही थीं, जब मैं उस दिन ऑफिस से घर आया, तो डिनर के बाद मैं अध्ययन के लिए भारी मन से बैठ गया, कॉफी की भीनी-भीनी खुशबू मेरे रग-रग को तरबतर कर रही थी। इसके बाद मैं महज सोच-विचार में डूब गया। जब मैं जगा तो सवेरे के चार बज चुके थे। मेरे पास कुछ कागजों का पुलिंदा पड़ा हुआ था जो 'क्यू.ए.पी.ए.' ढाँचे का ही एक संस्करण कहा जाता था। मैं अपने रास्ते से या यूँ कहें कि भविष्य मार्ग से पूरी तरह विचलित हो चुका था। मैं उस मंज़िल से काफ़ी दूर और अलग-थलग पड़ चुका था, जिसको हासिल करना मेरी जिंदगी का एक मकसद था। अब वक्त आ गया था कि हम फिर से पुराने जज़्बे के साथ वापसी के बारे में एक नए सिरे से विचार करें। तकरीबन पाँच घंटे तक मैंने अपने को अच्छी

तरह से तौला और अपनी गहरे से पड़ताल की, और इस दरम्यान मैंने तीन स्पष्ट विचारों को महसूस किया-

1. कि मैं जो कुछ भी कर रहा था, वो मेरे मकसद में शामिल नहीं था।

2. कि मैं जो कुछ भी करता रहा या करूँगा, वो सीधे-सीधे इस बात से जुड़ा है कि मैं फिलहाल या वर्तमान में क्या हूँ।

3. कि मैं जो कुछ भी हूँ या फिर मेरा जो कुछ भी मकसद है, वो मेरे अगले पंद्रह से बीस साल के भविष्य को तय करेगा।

जब आपके जेहन में कई तरह के विचार खौल रहे हो या कौंध रहे हों, तो फिर अपने आप को सँभालना काफी मुश्किल-सा लगता है। तो ऐसी सूरत में सबसे बेहतर यही है कि सर्वथा प्रमाणित शोध के निष्कर्षों पर गौर फरमाया जाए, जिसका अध्ययन मैंने सन् 2018 के एच.बी.आर. शोध लेख में किया था और इस लेख को कसांड्रा फ्रेंगोस ने प्रस्तुत किया था। इस लेख के अनुसार- "पुनर्निर्माण की क्षमता हमारे कैरियर या भविष्य निर्माण की खास चीजों में सबसे ज्यादा महत्वपूर्ण है, जो सीधे तौर पर आजकल के दिनों में सक्रिय एग्जेक्यूटिव्स के लिए तो सबसे अहम् मायने रखता है। सफलतापूर्वक पुनर्निर्माण हम सभी के लिए भिन्न-भिन्न हो सकता है, लेकिन यदि हम इसकी कोशिश नहीं करेंगे, तो निश्चित ही हम असफल हो जाएँगे।" मुझे महसूस हुआ कि उसने एक ही बार में कील ठोंक दी थी। हमें जरूरत इस बात की है कि हम अपने भीतर-ही-भीतर पुनर्निर्माण की प्रक्रिया शुरू करें। जब कभी हमारे सामने नाटकीय मोड़ आते हैं, तो ऐसी प्रवृत्ति को विकसित करना सहज स्वाभाविक है। हमें लगता है कि ऐसा सभी के साथ होता होगा। पुनर्निर्माण के प्रति हमारा जवाब पूरी तरह स्पष्ट होना चाहिए और इसे एक बारगी फॉर्मूले के रूप में समझा जाना चाहिए। वैसे इसका

कोई निश्चित फार्मूला भी नहीं है। आवश्यकता इस बात की है कि हम ऐसे मौके की तलाश करें ताकि हम प्रगति के मुख्य मार्ग तक पहुँच सकें और पुरानी सड़ी-गली चीजों से निजात पा सकें। जरूरत इस बात की भी है कि हम सुलझ जाएँ।

आपके लिए हमारे पास तीन सवाल हैं, जिसका आपके द्वारा सही और सटीक उत्तर दिया जाना है। यह इसलिए भी जरूरी है ताकि भविष्य निर्माण के लिए समयबद्ध ढंग से एक सुनिश्चित कार्यक्रम तय हो सके और आप इन तमाम अनिश्चितताताओं और उदास माहौल से काफ़ी ऊपर उठकर भविष्य निर्माण की अनंत ऊँचाइयों को छू लें और सही नियति तक पहुँच सकें।

पहला सवाल तो यह है कि आप किस चीज में अच्छे हो? मेरा कहने का यह मतलब नहीं है कि आपका व्यवसाय क्या है, बल्कि आपके माता-पिता, अध्यापक, सगे-संबंधी, मित्र एवं सहकर्मी कैसे हैं, जिनकी विशेष कृपा आपको मिली हुई है। इनका यह आशीर्वाद आपको तभी से मिला हुआ है, जिस दिन से आपके दिमाग ने शब्दों को समझना शुरू किया। आपमें केवल गुण हैं, लेकिन किसी भी तरह की गतिविधियाँ पहले से ही शुरू नहीं होती हैं। बल्कि यूँ कहें कि आपमें गुण या हुनर पैदाइशी हैं। आपको मालूम है कि ये आपकी आंतरिक शक्तियों में शामिल हैं या फिर इसे स्वाभाविक कौशल या कुदरती खासियत के रूप में देखा जा सकता है। यदि आप इनसे अनजान हैं, तो फिर आप इनको फिर से याद करने की कोशिश करें। मुझे पसंद है कि किस तरह शोधकर्ताओं ने सवाल किया कि "आप मैं कौन से गुण सहज स्वाभाविक रूप से विकसित हैं।"

कभी-कभी अपने भीतर की कुदरती काबिलियत को समझना भी आसान नहीं होता है। कुछ सालों पहले मैं नैंसी के साथ कैरियर पार्टनरशिप कर रहा था, जो तीन बच्चों की एक अकेली माँ थी और इस महिला का अपने पति से शादी

के चौदह सालों के बाद दर्दनाक तरीके से अलगाव हो चुका था। वह महिला अपने कैरियर पर दोबारा नए सिरे से ध्यान देने की प्रक्रिया के तहत एक बार फिर से काम पर लौटने की योजना बना रही थी। जब मैंने उस महिला से प्रश्न पूछे तो उन्हें अपने बारे में एक भी काबिलियत समझ में नहीं आ रही थी, और ना ही उन्हें याद ही था। उन्हें यह भी याद नहीं था कि पहली बार माँ बनने पर उन्हें किस तरह से बधाइयाँ मिली थीं। मैंने उनका दोबारा सोचने के लिए हौसला बढ़ाया कि उन्हें कोई खुशनुमा लम्हा याद हो, जब उनकी तारीफ की जाती रही होगी। उन्होंने उन लम्हों का जरूर जिक्र किया, जब वे पहेलियों और उलझनों को शानदार ढंग से हल कर देती थीं और बचपन में किसी भी स्थितिजन्य प्रश्नों को आसानी से सुलझा देती थीं। अपने कैरियर की शुरुफ़आत उन्होंने 'मार्केट एनालिस्ट' के रूप में की थी और अपने बेहतरीन प्रदर्शन से उन्होंने अपने वरिष्ठों एवं अनुभवी व्यवसायिकों से ढेर सारी प्रशंसा बटोरी। मैंने उनको उत्साहित करते हुए पूछ डाला कि आखिर उनमें कौन-कौन से पैदाइशी गुण रहे होंगे, जिसके बूते पर उन्होंने सराहनीय प्रदर्शन कर डाला। यादों की कई एक गलियों से गुजरते हुए हम इस नतीजे पर पहुँचे कि उनका सारा ध्यान उन सारे विवरणों की तरफ था, जिससे उनको अपार अंतर्दृष्टि यानी आंतरिक समझदारी मिली और प्रस्तुतीकरण का एक नायाब तरीका भी हासिल हुआ।

अब आप उन तीन जन्मजात प्रकृति प्रदत्त गुणों के बारे में लिखें। जब भी हम आपके सामने कुछ उदाहरण पेश करें, तो आपके लिए यही बेहतर होगा कि आप उन बेहतरीन यादों के गलियारे में जाएँ, ताकि आपको अपने भीतर के प्राकृतिक वरदान के रूप में प्राप्त गुणों का पता चल सके-

1. --

2. --

3. --

दूसरे, वे कौन-सी गतिविधियाँ हैं, जिसमें आप अपना आपा खो देते हैं?

जब आप अपना आपा खो देने की स्थिति में होते हैं, तो आपके आसपास की पूरी दुनियाँ भी गर्म समझ में आने लगती है। और ऐसा इसलिए होता है क्योंकि आप ऐसा कर रहे होते हैं। विश्व के अग्रणी शोधकर्ता जिन्होंने 'पॉजिटिव साइकॉलोजी' पर गहन शोध किया है, उनको 'मिहेली जिक्जेनूटमिहाली' के नाम से जाना जाता है। इन्होंने इस अवस्था को 'फ्रलो स्टेट' का नाम दिया। यह ऐसी अवस्था है जब आप पूरी तरह तल्लीन यानी डूबी हुई अवस्था में होते हैं। ऐसा महसूस होता है कि समय रूक चुका है और मस्तिष्क में किसी भी तरह का शोर- शराबा नहीं है। भले ही समय बीत जाए, लेकिन आपकी भूख, थकान और दर्द का तो पता ही नहीं चलता। वे क्या हैं?

जब मैंने नैंसी से ये सारे प्रश्न पूछे, तो उसकी चार-पाँच गतिविधियाँ सामने आईं और वो पूरी तीन गतिविधियों में तल्लीन रही थी। वे तीन गतिविधियाँ- इतिहास पर शीर्षकवार अभिलेख, डाटा या आँकड़ों से समर्थित ऐतिहासिक टिप्पणियाँ एवं चित्रों की पेंटिंग शामिल मानी जाती थी। शायद इन्हीं तीनों गतिविधियों की वजह से नैंसी इस स्थिति में पहुँच चुकी थी। इसके बाद उसने सिलसिलेवार तैल चित्रों के गंध के बारे में बयान करना शुरू किया, जो उसे काफ़ी पसंद थी क्योंकि वह इन चित्रों पर अपने ब्रश भी फेरा करती थी।

अब हम उन तीन ऐसे उदाहरणों पर गौर करें, जो आपके जेहन में प्रायः आते रहते हैं-

1. --

2. --

3. --

क्या आपको किन्हीं दो अनुभूतियों में एक समानता या दोहरापन दिखा?

यह खुशी और सौभाग्य की बात है कि नैंसी के लिए प्रकृति प्रदत्त गुणों का उसकी गतिविधियों के साथ भरपूर तालमेल रहा था।

अब आप उन दो गतिविधियों को सूचीबद्ध करें, जो आपके प्रकृति प्रदत्त गुणों से मेल खाती हों -

1. --

2. --

अब आप अपना हैट बदल दें और अपने ग्राहक खुद बन जाइए। इन दोनों गतिविधियों में से किसकी तरफ आप खिंचे चले जाते हैं या फिर अपनी रुचि के मुताबिक कौन-सी गतिविधियों को आप अपनाना चाहेंगे? यह महत्वपूर्ण है कि आप इस मामले में गंभीर हों कि आपकी किस खूबी में दम है। आप बिलकुल स्वतंत्र होकर सोचें कि आपको अपने भीतर गहन मंथन करते रहना है और शोध करते रहना है कि इस दुनिया में आपके पास आखिर कौन-सी ऐसी आर्थिक संभावनाएँ हैं? आपने एक कहावत तो सुनी होगी कि 'दुनिया तुम्हारी मुट्ठी में है।' अब समय आ गया है कि इस सीप का शिकार करके इसे खोला जाए। यदि आप यह चाहते हैं कि आप का शेरपा आपको इस मुहिम में हाथ पकड़कर मदद करे, तो मुझे खुशी होगी कि हम आपको अवसर तलाशने में सहायता करें।

मेरी नैंसी से अच्छी बातें हुईं और क्योंकि वो हवाई जहाज़ से सफर करने ही वाली थी, इसलिए मैंने उनसे गुजारिश की कि वो अपनी 'फ्लो एक्टिविटी' यानी 'प्रवाहमान होने वाली गतिविधियों' का लाभ उठा सके। कुछेक घंटे बाद मेरी नैंसी से फोन पर बातें होने लगी। उसे अपनी हरकतों का एहसास हो चुका था। मैंने उन्हें इतना अधिक उत्तेजित होते हुए नहीं

सुना था। उसकी आवाज के सुर ने साफ-साफ स्पष्ट कर दिया था कि उसे एक ऐसा मौका हाथ लग चुका था, जो उसे सही दिशा की तरफ ले जा रहा था। उसने फैसला किया कि अब उसकी पेंटिंग जटिल ऐतिहासिक शीर्षकों पर आधारित होनी चाहिए, जिसमें ऐतिहसिक विश्लेषण भी शामिल हो।

उनका विचार था कि ऐतिहासिक क्षणों को भी जिंदगी दी जानी चाहिए और इनको वर्तमान परिप्रेक्ष्य में जोड़कर देखा जाना चाहिए। 'क्वीन विक्टोरिया के सत्तासीन होने' पर भी उनकी पेंटिंग काफ़ी महत्त्वपूर्ण हैं, जिसमें इस ऐतिहासिक क्षण को काफ़ी सुंदर ढंग से समेटा गया है। इस पेंटिंग में उस समय की घटनाओं को भी पिरोया गया है। उनकी पेंटिंग आज भी मेरे लिए पसंदीदा है। मुझे पूरा भरोसा है कि नैंसी की सफलता के पीछे सबसे बड़ा कारण यही था कि उसकी उपलब्धियाँ सीधे तौर पर उसके गहन उद्देश्य के भाव से जुड़ी हुई थी। यह उद्देश्य यही था कि इतिहास के धूमिल पड़ चुके लम्हों को नई पीढ़ी के लिए एक बार फिर से जीवंत किया जाए। एक शेरपा के रूप में मैंने अपने सफर में कई और लोगों से मुलाकात की है और मैंने हरेक के चेहरे पर दमक को पहचानने की कोशिश की है और उनके लिए अपने मन में हमेशा गर्मजोशी महसूस की है और आज यही हमारे उद्देश्य के भावों को ऊँचा उठाता है।

ऐसे तीन आर्थिक रूप से व्यवहारिक अवसरों का उल्लेख करें, जिनको आपने महसूस किया है-

1. --

2. --

3. --

अब आप अपने 'व्यवहारिक ज्ञान अनुपयोगी' संबंधी दिक्सूचक यंत्र का फायदा उठाए और इसमें से किसी एक को चुने, जिसको आपके अनुसार ऐसा प्रतीत होता है कि आपके

उपयोग में आ सकता है। अपने आस-पास के परिचय क्षेत्र में आने वाले पारिवारिक मित्रों, परिवार के सदस्यों में से कुछेक से बात कर लें और जिससे आपको लगता है कि कुछ परेशानियाँ आ सकती हैं, उसे साफ़-साफ़ मना कर दें। आपका उद्देश्य यह कतई भी नहीं है कि आपको इनसे वोट हासिल करना है, बल्कि अपनी दिशा और दशा को दुरुस्त करने के लिए अपने 'व्यवहारिक ज्ञान अनुपयोगी' संबंधी दिक्सूचक यंत्र का इस्तेमाल करना है।

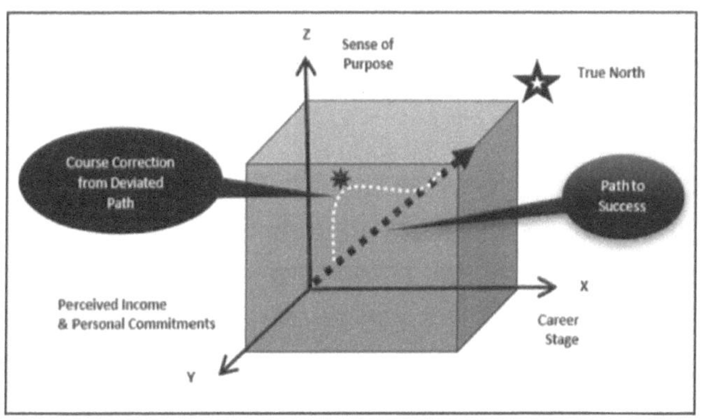

यदि आपने सही दिशा प्राप्त कर ली है, तो आपको ढेर सारी बधाइयाँ- हम भी पूरी तरह से फ़-।च्। के क्रिया स्तंभ की तरफ जाने के लिए तैयार बैठे हैं। बहरहाल, अफरातफरी की कोई जरुरत नहीं है। अपने भरपूर समय का इस्तेमाल करें। आप जरा सा यह देखें कि इन तीनों में से कौन-सी चीज इस वास्तविक दुनिया के लिए मुफ़ीद है। यह वाकई में एक जोखिम भरा कदम है। चूँकि यही सबसे खास है। हमारा यह सफर इस ख़याली या दार्शनिक स्तर पर ही बीच रास्ते में खत्म होने वाला नहीं है। हमें जरूरत है कि हम जानें कि आखिर हमारे लिए कौन-सी चीज सर्वथा उपयुक्त है, जो हमारे उज्ज्वल भविष्य का रास्ता तय कर सकेगी। भले ही यह

हमारा छोटा सा कदम हो, लेकिन यही हमारे लिए कीमती है। हमारे कैरियर का यह इतना खास बिंदु है, जहाँ हमें जरूरत है कि हम थोड़ा-सा ठहरकर गंभीरतापूर्वक एवं ज़िम्मेदारी के साथ सोचें। यदि ये सभी आपके 'लक्षित दर्शक' से ताल्लुक रखते हैं- जो आपके बोर्ड के सदस्य, सीनियर लीडर्स या फिर ताकतवर ग्राहक भी हो सकते हैं।

"आप यह तलाशें कि आप क्या सबसे बेहतर कर सकते हैं, और किसी ऐसे शख्स को ढूँढ़े जो इसकी अदायगी कर सके।"

- कैथरीन व्हाइट हॉर्न

ऐसा तलाशना मुश्किल भी नहीं था, क्या वाकई में मुश्किल था? सूर्य की किरणों से सराबोर होती पहाड़ों की ऊँची चोटियाँ बर्फ के सफेद वस्त्रें को भी तार-तार कर देती हैं, और यह पहली ऐसी जगह है कि हम आपको सजग एवं सचेत करते हैं, मेरे दोस्त! हमें पूरा का पूरा ध्यान अपने काम पर टिकाने की जरूरत है। हमें आगे का काम देखना है। और यहीं से जादुई कारनामे शुरू हो जाते हैं और हम ऐसी अवस्था में पहुँच जाते हैं, जिसे हम केवल एक्शन यानी केवल कार्य के रूप में देख सकते हैं।

इन कार्यों में बाधाएँ भी आनी हैं, जो प्रायः बड़ी योजनाओं को कार्यान्वित करते समय स्वाभाविक तौर पर पेश आती हैं। अगले अध्याय में हम इन आशंकाओं और डर के बारे में जिक्र करेंगे जो हमें कामयाबी से दूर ले जाती हैं। हम इनका गला अभी से यहीं पर घोंट देते हैं और अपने जहाज़ की उड़ान को शिखर पर ले जाते हैं, जहाँ डर और आशंका की तो कोई जगह ही नहीं है। यहाँ केवल कामयाबी के रोमांच हैं।

✍ ✍ ✍

८

भय का दूसरा आयाम

"हरेक चीज जिसकी आपको चाहत है, वो भय के उस पार है।"

- जॉर्ज अदैर

दिसंबर का खुशनुमा महीना था और पूरा साल लगभग बीतने को था। मैंने अपने मन-ही-मन एक बारगी झटके से सोचा कि अब सही समय आ गया है कि नई शुरुआत की जाए। अपने अगले मिशन के लिए मैंने अपना दिलोदिमाग तैयार कर लिया था और फिर अपना सारा ध्यान अपने मकसद के ऊपर टिका लिया था। मेरे भीतर के शेरपा ने अपना दिक्सूचक यंत्र तैयार कर लिया था और अपने हाथों में ले रखा था, ताकि सही दिशा का पता चल सके। रास्ता बहुत आसान भी नहीं था और इसीलिए सजगता एवं सतर्कता की आवश्यकता थी। मेरा बैग हल्का था। मेरे फेफड़ों में एकदम शुद्ध ऑक्सीजन तैर रही थी। ऊँचे पर्वत शिखरों से सूर्य की किरणें सीधे आँखों में चमक रही थीं। मैं बिलकुल ही आश्वस्त नहीं हो रहा था, मुझे कुछ समझ में नहीं आ रहा था। मेरे पैर हिलडुल नहीं सकते थे, और मेरे जूते भारी से लग रहे थे, क्योंकि ये पूरी बर्फ में धंस गए थे। ये क्या था?

मैं अपनी कम्युनिटी पूल में तैरने चला गया, लेकिन पानी अत्यंत ठंडा था। थोड़ी देर के लिए मुझे हिचक हुई और फिर मैंने डुबकी लगाई। पानी की चादर का मेरे ऊपर ऐसे हमला हुआ, जैसे कि बर्फीले नाखूनों ने नोंच लिया हो।

लेकिन बाद में फिर सब कुछ सामान्य हो गया। फिर भी मैंने तैराकी की ताकि मेरे शरीर में गर्मजोशी आ जाए। मेरे दिमाग में यही उधेड़बुन चल रही थी कि ठीक उत्तर दिशा की तरफ इतना अधिक जड़त्व क्यों पैदा हो रहा है। इन सबके बावजूद मुझे समझ में आ गया कि कहाँ गलत हो रहा था। मैं अपने माहौल में तंग महसूस कर रहा था और फिर मैंने एक सटीक योजना बनाई। अक्सर कठिन सवालों के जवाब बिलकुल सीधे और सरल होते हैं। तो हम भी सन् 2015 में डॉ. जोसेफ ई. लेडोम्स के लेख 'साइकोलॉजी टुडे' का जायजा लें, जिसमें लिखा है कि 'भय धमकी के आहट से उत्पन्न एक संज्ञानात्मक एकत्र चेतन अनुभव एक बेहतर विचार है, जो असुरक्षा का एहसास कराता है, जो भावी घटनाओं के प्रति आशंका प्रदान करता है, जिससे पीड़ित व्यक्ति का सामना हो रहा होता है। असफलता के भय का सीधा संबंध उस योग्यता से होता है जो जीवन के प्रति जोखिम को इशारा करती है।

यह स्वाभाविक है कि कोई भी व्यक्ति भय के मारे सकपका जाए या ठगा-सा रह जाए, जब डर के गंभीर परिणाम व्यक्ति को जकड़ लेते हैं। मैंने भी अपने भय के कारणों पर विचार किया और फिर सारे वजह काफूर हो गए। मेरे डर के पीछे सबसे बड़ा कारण 'मेरे परिवार को मेरे द्वारा सहयोग किया जाना' माना गया कि मैं कैसे आने वाले प्रभारों से निपट सकूँगा, शिक्षा की बढ़ती फ़ीस से मुकाबला कैसे हो पाएगा और आकस्मिक घटना के बाद मेरे जीवन साथी का पूरा ध्यान अपने बाल बच्चों पर कैसे हो पाएगा? मुझे तार्किक रूप से गारंटी चाहिए थी कि यदि मैं चट्टान से गिर गया, या फिर सफर के दौरान मेरे पैर फिसल गए तो मैं तो सही दिशा के बलबूते ही बच पाऊँगा। यदि ऐसा नहीं हो पाया तो फिर तो मेरी सारी योजनाएँ खुशफहमी में ही रह जाएँगी और क्रूर वास्तविकता के सामने घुटने टेक देंगी।

मुझे हैरानी होती है कि यदि आपके सामने देर सारे सवालात आपके दिमाग को मुड़का रहे हों, और यह नौबत

तब आती है, जब पिछले अध्याय पूरे हो चुके हैं। जैसा कि मैंने कहा कि मैंने जब अपने कैरियर की पार्टनरशिप शुरू की, तो मैंने भी सफलता के शिखर पर पहुँचना शुरू किया। और हम अत्यधिक व्यवहारिक हो पाएँगे। हमारे लिए यह अत्यंत महत्वपूर्ण है, जब हम अपनी आत्म-खोजी यात्रा को बेहतर परिणाम यानी सार्थक परिणाम में बदल दें। मैंने इसी बात पर मंथन करने का फैसला किया कि लोगों को भय से कैसे और किस तरह मुक्ति मिल पाती है। इससे मुझे फायदा मिला और मुझे उत्सुकता है कि मैं अपनी जानकारियों को आपसे साझा करूँ। मुझे उम्मीद है कि इस अध्याय के अंत तक आप भी डर के उस पार हो सकेंगे।

इसलिए अब समय आ गया है कि उन लोगों से सबक सीखा जाए, जिन लोगों ने डुबकी लगा ली है। इस तरह के पहले व्यक्ति जीवेशु थे, जिनसे मैंने मुलाकात की। इन्होंने अपने कैरियर को बीच में ही छोड़ दिया था और अपनी बचकानी हरकतों और बाल सुलभ भावनाओं की वजह से उन्होंने कॉमेडियन बनने का फैसला किया। हमारे बीच अच्छी खासी बातचीत हुई। उन्होंने बहुत ही अच्छे लहजे और सुनहरे भविष्य को रेखांकित करते हुए वार्ता शुरू की और उन्होंने बहुत ही साफगोई से कहा कि उनके काम से किसी को भी नफरत नहीं है, लेकिन कोई भी इस बात से बेखबर है कि इस हकीकत के दूसरी तरफ भी कुछ ऐसी चीज है, जो गुमशुदा है। आप खुद भी महसूस कर सकते हो कि कुछ तो गड़बड़ है या फिर गुम है, जिसकी वजह से तुम खुश नहीं रह सकते हो। लेकिन जबतक आप किसी दूसरे कार्य को शुरू नहीं कर देते हो, तब तक आपको गुमशुदा अवसर भी हाथ नहीं लग पाते। जिसका आपको कभी अनुभव नहीं हुआ हो, उसको आप कभी भी याद नहीं कर पाते। मि. जीवेश वाकई में अजीब सख्ती के साथ ईमानदार रहे। हमें याद है कि वे 'सेल्स एग्जेक्यूटिव' के रूप में किस तरह अपनी पहली पारी

की शुरुआत करते रहे और किस कदर की नीरसता और दकियानूसी बेस्वाद मुलाकातों में दिखाई देती रही।

रोज-ब-रोज कार्य-लक्ष्य को हासिल करना बिना मतलब जोड़-तोड़ की बातचीत करना और ढेर सारे लोगों को दूरभाष के माध्यम से संवाद स्थापित करना इत्यादि गतिविधियों से वो इस बात पर सोचने के लिए मजबूर हो गए कि आखिर में जिंदगी किस दिशा में आगे बढ़ रही है। उन्होंने हमेशा सर्वोत्तम प्रदर्शन करने में ही आँख मूँदकर भरोसा किया और दूसरे लोग उन्हीं पर हँसते और फिकरें कसते। जब उन्होंने यह महसूस किया कि अगर वो पहले ही इस कर्म प्रधान दुनिया में डुबकी लगा लिए होते, तो कितना अच्छा होता। उनको इस सोच से तसल्ली हुई कि काश! उनके श्रोताओं के जीवन में अपार खुशी आ जाती तो कितना बेहतर होता। लेकिन यह काम भी कोई आसान थोड़े न था क्योंकि आत्मनिर्भरता के भाव ने उनको पहले ही चारों तरफ से घेर रखा था। लेकिन उन्होंने इस पगबाधा को पार करने के लिए एक ठोस योजना बनाई और उन्होंने इस बात पर यकीन किया कि 'सपने देखते हुए बुरे दिन शायद कार्यरत रहते हुए अच्छे दिन की अपेक्षा बेहतर है जो आपको आगे आने वाले दिनों में जीने के लिए ताकत की वजह बन जाते हैं।' उन्होंने अपने इन सारे जज्बातों को ससाह के अंतिम दिनों के लिए टाल दिया और गाहे बगाहे अपनी इस खामखयाली को अन्यान्य सामाजिक अवसरों पर आजमाने की कोशिश की। उन्होंने अपने हस्ताक्षर को विकसित करने के लिए कठिन मेहनत की और यह सुनिश्चित किया कि हफ्ते के 20% कालावधि में ही इस खामखयाली को आजमाने पर 80% परिणाम हासिल हो जाते हैं। लगभग दो सालों में उनके द्वारा कई 'शो' में भागीदारी की गई। उनके द्वारा प्रायोजित इन 'शो' में कई मौसमी कलाकार अपनी कला का प्रदर्शन किया करते थे। इस तरह उन्होंने अपना 'यू ट्यूब' चैनल विकसित

कर लिया, जिसमें फिलवक्त 4,46,000 सब्सक्राइबर्स शामिल हैं। बीस महीनों के बाद जीवेशु को एहसास हुआ कि वो अब पूरी तरह तैयार हैं। हालाँकि इस नए कार्य से उनकी आमद थोड़ी ही थी और उनके प्रारंभिक वेतन एवं कमीशन से काफ़ी कम थी। फिर भी उन्होंने एक लक्ष्य इस प्रतिबद्धता के साथ निर्धारित किया कि किसी भी तरह इस लक्ष्य की प्राप्ति तीन महीने के भीतर कर लेनी है। कई एक छलावे के साथ शुरुआत, लेकिन घंटों तक अथक मेहनत और मददगार मित्रों एवं पारिवारिक सदस्यों के बलबूते यह काम भी पूरा हो चुका था। उनके लिए यह तो साफ हो गया कि उनकी खुशी केवल शानदार प्रदर्शन से ही संभव नहीं हो पाई, बल्कि उन्होंने हर संभव मंच से बेहतर शुरुआत करके खुशियाँ बटोरी।

अब उन्हें समझ में आ गया कि अच्छे दिन और बुरे दिन दोनों ही आते-जाते रहेंगे, लेकिन इसमें सबसे खास क्या रहा कि उन्होंने यह आनंद या खुशी उस शानदार प्रदर्शन से हासिल की, जिसने उनके श्रोताओं को भी अपार खुशियाँ दी। सालों तक उनकी आमदनी में इजाफा होता रहा और जैसे ही उन्होंने 'प्रतिष्ठा' हासिल करनी शुरू की, उनको लेकर विज्ञापन शुरू हो गए और फिल्में भी मिलनी शुरू हो गईं, और अब उनके अच्छे खासे दीवाने भी होने शुरू हो चुके थे।

ये सभी उनकी अनूठी कार्यशैली के कायल थे। उनकी भावनाओं को जबरदस्त सम्मान एवं श्रेय मिला। वे चाहते थे कि वे भी शानदार और सबसे सफल लोगों में शामिल हों। यही उनका सपना, उनकी ख्वाहिशें थीं। वे इस बात को अच्छी तरह जानते हैं कि कैसे उनको अपनी कला को तराशना है, निखारना है। यदि उनकी हास्य शैली में नीरसता का पुट आ गया तो सब गुड़गोबर हो जाएगा और बर्बादी शुरू हो जाएगी। लेकिन इन सारी शोहरतों से दूर और बेखबर होकर उन्होंने अपने लाजिमी जोशो खरोश को जिंदा रखा, जो उन्होंने अपने दिल के कोने में महसूस किया। शायद इसी

वजह से उन्होंने अपने श्रोताओं के दिलों में एवं उनकी जिंदगी में मुसकुराहटें बिखेर दीं।

मैंने जिम को ख़त लिखा जिन्होंने हाल ही में अच्छी-खासी नौकरी छोड़ दी। और अब उन्हें समझ में आया कि वाकई में उनके बीते अठारह साल अच्छे खासे गुजरे, जब वो अपने मुवक्किलों को सलाहें दिया करते थे और पूरी दुनिया के कई चक्कर लगाया करते थे। लेकिन वे दिन भी उतने मधुर नहीं रहे। अब उनके लिए इसमें ज्यादा आकर्षण नहीं रहा। उन्हें इतना खयाल ही नहीं आया कि यही सही वक्त और सही मौके हैं, जब जीवन में बचत भी कर लेनी चाहिए क्योंकि उनके पास भी जिम्मेदारियाँ हैं और वित्तीय लेनदेन के दायित्व भी हैं। जिम को भरोसा था कि उन्हें ऑनलाइन खुदरा सौदेबाजी का बेहतर इल्म है और 'रिटेल स्टार्टअप' यानी 'रिटेल का कारोबार' कैसे शुरू किया जाए, इसकी उन्हें बेहतर जानकारी थी। जबकि अधिकांश लोगों को यही आशंका थी कि रिटेल कभी कारगर नहीं होगा क्योंकि ग्राहकों को तो सामान खरीदने की प्रक्रिया में सामान को छू कर जाँचने और परखने की आदत है। उन्होंने कुछेक सफल शख्सियतों से मुलाकात की और उनको पूरा भरोसा था कि उनके विचार पूरी तरह कामयाब होंगे।

अब वो पूरी तरह अपने मकसद को पाने के लिए बेताब थे कि उनके गृह नगर में पहला 'रिटेल स्टार्टअप' शुरू किया जाए, जो देश के अन्य हिस्सों से जुड़ा हुआ हो। कॉलेज छोड़ने के पहले ही उन्होंने महसूस कर लिया था कि राशन-पानी के अतिरिक्त कुछ भी खरीद पाना तकलीफदेह है या फिर काफी महँगा है। उनको समझ में आ गया कि उनका 'रिटेल स्टार्टअप' ढेर सारी विविधताओं से भरी वस्तुएँ खरीदने की ताकत देगा। ग्राहक के द्वारा सिर्फ बटन क्लिक करते ही देश के अन्य हिस्सों तक में बसे ग्राहकों के हाथ में खरीदे हुए सामान पहुँच जाएँगे। इसलिए हमने इस योजना को

क्रियान्वित करने के बारे में फैसले किए, ताकि इसके लिए छोटी-बड़ी टीम बनाई जा सके और 'स्टार्टअप' का विचार सफल किया जा सके। इसके लिए उनके द्वारा कड़ी मेहनत की गई। उनके विचार में सबसे खास चीज यही थी कि इस नए व्यवसाय को सफलता के मानक को अपनाते हुए आरंभ किए जाए। उनकी अर्धांगिनी ने भी उनका साथ दिया। अभी हाल ही में जिम ने भारी मुनाफे के साथ ऑनलाइन खुदरा बिक्री से लाभ कमाया और देश के सबसे प्रतिष्ठित 'ऑनलाइन व्यवसायी' के रूप में स्थापित हो गए। अब वो दूसरे मिशन पर काम कर रहे हैं। उनका अगला मिशन यही है कि 'स्व वित्तपोषित शिक्षा कोष' उन योग्य छात्रें के लिए खोले जाएँ, जो लगातार आर्थिक चुनौतियों का मुकाबला कर रहे हैं। अब इसमें सबसे खास क्या है कि जिस चीज के बूते पर उन्होंने संदेह के सात समंदर का सफर तय किया, वो उनकी सोच थी जिसको उन्होंने खाली वक्त देकर सहेजते हुए बड़ा किया। मैंने उनसे पूछा कि आपकी जिंदगी में सबसे अधिक नाटकीय मोड़ क्या है, तो उन्होंने उत्तर दिया कि वे हर हफ्ते छोटे-छोटे लक्ष्य निर्धारित किया करते थे और इसी से हर कदम पर सफलता मिलती चली गई।

जीवांशु और जिम में जो एक सर्वनिष्ठ (कॉमन) गुण देखा गया, वो लचीलापन रहा था। यह भाव वाकई में कारगर रहा।

डॉ- रॉबर्ट ब्रुक्स एक जाने माने मनोवैज्ञानिक हैं, जो 'दी पॉवर ऑफ रेजीलिएंस: अचीविंग बैलेंस, कांफिडेंस एंड पर्सनल स्ट्रेंथ इन योर लाइफ' नामक पुस्तक के सह लेखक रहे हैं। इनका कहना है कि वे लोग जिनमें प्रचुर लचीलापन है, वे अपने जीवन को बेहतर ढंग से नियंत्रित कर पाते हैं। इसी वजह से वे जिंदगी में अपेक्षाकृत अधिक जोखिम मोल लेना पसंद करते हैं। विभिन्न शोध से पता चला है कि लचीलेपन से न केवल भय से छुटकारा मिलता है, बल्कि यह तनाव की भी बेहतर दवा है। जॉर्ज बैलियेंस ने तो इसे 'पूर्ण परिपक्व

रक्षा तंत्र' के रूप में देखा है। उन्होंने हार्वर्ड स्नातकों के एक समूह के निर्देशों का पालन किया और इसके साथ तीस सालों तक जुड़े रहे। उन्होंने अनुभव किया कि सफल एवं प्रसन्न रहने वाले व्यक्तियों एवं आम लोगों के बीच खास अंतर यही है कि सफल एवं खुशनुमा लोग चुनौतीपूर्ण परिस्थितियों एवं जोखिमों को भी अवसरों में बदल देते हैं, जबकि आम लोग ऐसा नहीं कर पाते।

अब सवाल यही उठता है कि लचीलेपन का स्रोत क्या है? जरा सा इस पर भी पड़े पर्दे को हटा दिया जाए। यदि आफत एवं विपदाओं से जूझने की आदतें युवावस्था में ही पनप जाए, तो या तो संघर्ष करने की प्रवृति विकसित होती है, या फिर हम सही उड़ान भर लेते हैं। वे लोग जिनको जद्दोजहद के लिए तैयार किया गया है, वे दबाव में आने पर बेहतर प्रदर्शन कर जाते हैं। जिम ने होश सँभालते ही कई मोर्चों पर भारी तंगी का साथ झेला क्योंकि उन्होंने पिता जी की नौकरी छिन जाने के बाद तंग हालात में गुजारा किया। उन्होंने यही सीखा कि किसी भी सूरत में न्यूनतम संसाधनों में से अधिकतम लाभ कैसे अर्जित किया जाए। इससे लचीलापन उसके रग-रग में शामिल हो गया। इसलिए यह कहना गैरवाजिब है कि जिन लोगों ने हमेशा विपदाएँ झेली हैं, वे लचीले नहीं हो सकते हैं। अब यहाँ मूल बिंदु यही है कि आप अगली परिस्थिति के प्रति कैसी प्रतिक्रिया व्यक्त करते हैं। रोजमर्रा की परिस्थितियों के प्रति आप कैसी जुगत लगाते हैं? क्या आप अगली समस्या से मुँह मोड़ लेते हैं या फिर इसका जोरदारी के साथ मुकाबला करते हैं?

मैंने भी अपनी असफलता के भय से बचने के लिए यह फैसला किया कि मुझे भी लचीलापन अपनाते रहना चाहिए। और मेरे इस फैसले के भाव ने मेरे जूते का बोझ हल्का कर दिया। मैं समझता हूँ कि इसके लिए कोई स्तरीय पैमाना भी नहीं था। मैं धीरे-धीरे सजगता के साथ अपने निशाने यानी

लक्ष्य की तरफ सरकता गया। हालाँकि जीत के लिए कोई निश्चित पैमाना भी नहीं है, फिर भी हमें ऐसा लगता है कि यदि आप जीत चाहते हो, तो जरूर ही इसके लिए रणनीति भी आप खुद-ब-खुद विकसित कर लोगे। नीचे एक कॉमन रणनीति सफलता के टिप्स के रूप में दी जा रही है, जो प्रायः अधिकतर सफल शख्सियतों की जुबानी साझा की गई है, जिन्होंने अपनी जिंदगी के ठहराव से पार पाया और फिर आसानी से सारी पगबाधाएँ पार कर गए।

सफलता के लिए कुछ टिप्स-

1. आर्थिक जोखिमों से निजात पा लीजिए। उन्होंने आश्वस्त किया कि उनके वित्तपोषण से सारी व्यक्तिगत या निजी बाधाएँ दूर हो जाएगी।

2. डबल चेक यानी दुबारा जाँचिए- क्या इन लोगों ने वाकई डुबकी लगा ली या ये अपनी माली हालत सुधारने में कामयाब हो गए और सही दिशा की तरफ चले गए। ऐसा इसलिए संभव हो सका क्योंकि इन्होंने अपने वरिष्ठों या व्यापारिक भागीदारों से बातचीत जारी रखी।

3. इन्होंने अपने जीवन साथी के साथ भी बातचीत की और भरोसा दिलाया कि वे बोर्ड पर थे।

4. ये अपने नेटवर्क पर हमेशा टकटकी लगाए रहे थे और अपने विचारों का परीक्षण किया करते थे।

5. इनमें इतनी तत्परता तो थी ही कि ये कम-से-कम तीन गलत शुरुआत कर सकें।

6. वे दिन-रात तैयारी किया करते थे और कोई कोर कसर नहीं छोड़ते थे। हरेक व्यक्ति इस बात पर राजी था कि छोटे-से-छोटे विवरण से उन्हें मतलब है।

7. हर सदस्य इसी योजना के साथ जुड़ा हुआ था कि आमदनी के अन्य स्रोतों को भी जारी रहना चाहिए, ताकि रोकड़ प्रवाह सुचारू रूप से जारी रह सके।

8. यदि पति या पत्नी में से या किसी भी भागीदार की आमदनी सही सलामत है, तो उन्हें आजादी होगी कि वे जोखिम को दूर कर दें।

9. हरेक सदस्यों के द्वारा कारगर प्रतिदर्शों के अध्ययन किए गए, ताकि यह भरोसा हो सके कि अपार सफलता हाथ लगने वाली है और असफल लोगों की दासताँ केवल प्रेरणा देने वाली रहे, ताकि हम अपना हित संवर्धन कर सकें।

यदि आप ऐसे हालात में हैं, जब आप नौकरी छूट जाने जैसे हालातों को झेल नहीं पा रहे हैं या फिर किसी आफत के चंगुल में आप फँस चुके हो, तो फिर यही फॉर्मूले या नजरिए काम आएँगे। वास्तव में आपको कुछ भी नहीं खोना है, यदि आपने सुरक्षा चक्र को मजबूत किया है और अपने परिवार को इसमें महफूज रखा है। आपमें जोखिम लेने की क्षमता भरपूर है और इससे आप लाभ की स्थिति में है। आप कुछ ऐसा कोशिश करें, ताकि आप फिजूल बिलकुल न सोचें। सही के लिए लड़िए, दो कदम चलिए और दकियानूसी परंपरा से बाहर निकलें। किस्मत आपसे यही कहती है कि साहसी बनें और जोखिम के दायरे से बाहर निकलें। इसके लिए आप जो चाहें, सो करें। या तो आगे नौकरियों के लिए साक्षात्कार में शामिल हो या फिर वो करें जो आपके माहौल के अनुकूल हो।

हम क्रमशः इस अध्याय के अंत की तरफ बढ़ रहे हैं और हम पूरी तरह से इस बात से चौकस है कि हमारी बातचीत आपमें कुछ भाव पैदा करें। हमें आपकी काबिलियत पर पूरा भरोसा है कि आप अपने ठहराव को दूर करने के लिए काम करना शुरू करेंगे और अपनी योजनाओं को अमली जामा पहनाएँगे।

यदि आप महसूस करते हैं कि आपको दूसरी योजनाओं पर सोचने-समझने की जरूरत है, तो आप मुझे इजाजत दें कि हम आपको यह समाचार दें कि 'प्लान ए' एवं 'प्लान बी' में कोई फर्क नहीं है। दो योजनाएँ कभी भी नहीं बना करतीं। आपकी भीतरी ताकत आपको सही दिशा की तरफ ले जा रही है।

आपका शेरपा वापस आ चुका है। क्या आपके जूते हल्के नहीं लगते। जरा 'प्लान ए' के प्रश्नों पर गौर करें। इसके पहले कि हम अगले अध्याय की तरफ चलें, हमें आपसे कुछ कहना है- कि कृपया अपना दिलों दिमाग साफ़ करें और केवल एक बात दिमाग में हमेशा याद रखें कि शानदार सफलता आपका इंतजार कर रही है।

✍ ✍ ✍

समस्याओं से पार पाना

मैंने कई एक व्यक्तियों के साक्षात्कार लिए, जो इस पुस्तक लेखन के शोध के दौरान संभव हो सके। इनमें से कुछ कहानियाँ अभी भी हमारे सामने हैं। इन कहानियों में इतनी ताकत है, जो हमें इसके किरदारों और दृश्यों से रूबरू होने पर समझ में आती है और खासतौर पर कामयाब शख्सियतों की सफलता के पीछे छिपी दास्ताँ हमें गहरे हद तक प्रभावित करती है। इनमें भी ऐसी दो शख्सियतें रही हैं, जिनकी सफलता के पीछे ज़िम्मेदार कारणों ने मुझे विशेषतः प्रभावित करने में कोई कोर-कसर नहीं छोड़ी। इसमें पहली कहानी शाश्वत से जुड़ी है, जिनके पास खुद का अपना उद्यम था, जो तकनीकी कार्य को छोड़ने के बाद शुरू किया गया था। दूसरी कहानी एमी की है, जो दो नाबालिग बच्चों की माँ हैं। इन्होंने पहले तो गृहिणी के रूप में अपनी जिंदगी की शुरुआत की और फिर पंद्रह सालों के बाद अपने कैरियर में वापसी की। आज जबकि मैं इस अध्याय को लिखने में जुटा हूँ, तो ये दोनों किरदार-शाश्वत और एमी संदेह या शक की अतल गहराइयों को पार करते नजर आते हैं। ये दोनों अपने सफर में काफी दूर निकल चुके हैं और अपनी मंज़िल से बस थोड़ी ही दूरी पर हैं, और अब उनको सही दिशा मिलती हुई मालूम होती है।

शाश्वत इंडियाना यूनिवर्सिटी से कंप्यूटर साइंस में स्नातक हैं और इनका फैसला था कि लगातार सोलह सालों तक अच्छी-खासी कंपनियों में नौकरियाँ, माइक्रोसॉफ्रट और ई.एम.सी. में नेटवर्किंग और कंप्यूटर सिस्टम में काम करने के बाद छोड़ दिया।

सबसे पहले उन्होंने सेन डियागों में नोकिया के साथ काम करना शुरू किया। इसके बाद माइक्रोसॉफ्रट और ई.एम. सी. जैसी कंपनियों में भी इनके द्वारा शानदार प्रदर्शन किया गया। माइक्रोसॉफ्रट कंपनी में काम करते हुए उन्होंने एक नया प्लेटफार्म विकसित किया, जिसे 'क्लाउड कंप्यूटिंग' के नाम से जाना गया।

यह वाकई में उनके लिए भी एक नई सीख रही क्योंकि इसी वजह से उन्हें 'ई.एम.सी.' में काम करने का मौका मिला। उनके ही शब्दों में ये उद्गार व्यक्त किए गए, फ्ये मेरे लिए काफ़ी सुखद एवं भाग्यशाली संयोग माना जाएगा क्योंकि ग्राहकों की दुनिया में उनके द्वारा बनाए गए उत्पाद छोटे होते चले गए। इसके बाद पूरी टीम एक सुंदर एवं सहयोगी संगठन के रूप में बदलती चली गई। अगले और कुछ सालों तक 'इंजीनियरिंग हेड' के रूप में कार्य करने के बाद मुझे अग्रणी के रूप में काम करने का मौका मिला। मैं एक 'बिज़नेस ग्रुप' को नेतृत्व कर रहा था और धीरे-धीरे मुझे यह विशाल समूह में बदलते हुए दिखा और मुझे समझ में आ गया कि एक लंबी-चौड़ी कंपनी कैसे और किस तरह बाजार में व्यवहार करती है। उनके कैरियर का अभिन्यास ही यही था कि माइक्रोसॉफ्रट जैसी कंपनी में काम करते हुए कॉर्पोरेट की सीढ़ियाँ चढ़ी जाए और एक सशक्त प्रभावशाली भूमिका का निर्वहन किया जाए। आगे मुझे एक प्रेरणादायी अवसर मिला कि मैं 'बिज़नेस ग्रुप' का 'जनरल मैनेजर' बन गया।" जब मैंने शाश्वत से पूछा कि आखिर में ऐसी कौन सी तरकीबें थीं कि वो सीढ़ियों पर छलांग लगाते हुए तरक्की के रास्ते पर आगे बढ़ गया तो उसने लिखकर अपनी सफलता के सफर का पूरा ब्यौरा दिया, जिसमें प्रेरणा, भय एवं आत्मखोज जैसी पगडंडियाँ भी मिलीं। इनके इस बयान के दरीचे से मैंने देखा तो मुझे भी खुद-ब-खुद उसके विचारों में एक जज़्बा दिखा और मैं इसमें पूरी तरह डूब चुका था।

आखिरी में ऐसे कौन से उत्प्रेरक तत्व रहे, जिसकी बदौलत आपको ट्रेडमिल से उतार दिया गया?

व्यापक निगम के मुद्दे- एक वृहद् संगठन एकदम मशीन की तरह काम करता है और उसके व्यापार करने का एक तौर-तरीका है। मशीन के सारे कल-पुर्जे एक ही साथ किसी खास तरीके से विशेष लक्ष्य की प्राप्ति के लिए काम करते चले जाते हैं। किसी भी व्यापार की सुनिश्चित प्रणाली है, जिसमें ग्राहकों के संबंधों के संजाल एवं सेल्स चैनल होते हैं। इसी से व्यापक रूप में राजस्व की प्राप्ति होती है।

यदि कोई भी व्यक्ति बाजार में किसी नए अवसर को भुनाना चाहता है और यदि नई व्यवस्था और नई प्रणाली कंपनी या संगठन के व्यापार करने के ढाँचे में फिट हो जाती है, तो फिर आगे सब कुछ आसान हो जाता है। बहरहाल जो नई गति या प्रवृत्ति सामने दिख रही है, उससे नए-नए अवसर भी पैदा हो रहे हैं और इसीलिए यह जरूरी है कि कार्य या व्यापार करने के तौर-तरीके में भी बदलाव लाया जाए। कोई भी व्यक्ति अपने समय का भरपूर प्रयोग अब कंपनी के आत्मा अधिकारियों के साथ भी करने लगा है और वो यही चाहता है कि पूरी कंपनी मशीनरी पर आधारित हो। मैं भी इसी नतीजे पर पहुँचा और इसीलिए मैंने सवाल किया कि क्या मैं भी रोज अपने वक्त का इस्तेमाल बाजार में कर सकता हूँ और यह भी कि क्या मेरे द्वारा भी कंपनी के उत्पादों के विकास किये जा सकते हैं ताकि कंपनी या संगठन के सामने आने वाली चुनौतियों के विकास हो सकें।

द्रुत अधिगम या त्वरित ढंग से सीखना- अपने कला-कौशल को विकसित करने के बहुत सारे तौर-तरीके हैं। प्रायः ऐसा देखा गया है कि हम जो भी काम अपने सीनियर लोगों के दिशा निर्देशन में करते रहते हैं, उससे सही दिशा मिलती रहती है ताकि किसी भी मुश्किलों या उलझनों को सुलझाया

जा सके। मैंने यह महसूस किया कि त्वरित विकास तभी संभव है, जब किसी को भी सही तरीके से ज़िम्मेदारी मिले ताकि वो ऐसा प्रदर्शन करे जो लाजवाब हो और वैसा किसी ने न किया हो। मुझे भी कुछ सालों के लिए 'इंजीनियरिंग हेड' के पद पर काम करने का मौका मिला। यह मौका मेरे द्वारा किसी भी बड़ी कंपनी में जनरल मैनेजर की ज़िम्मेदारी सँभालने के ठीक पहले मिला। मैंने एक वृहद् व्यवसाय का संजाल निर्मित करने में कोई भी कोताही नहीं बरती। वैसे भी यह काम उसी को मिलता है, जो आत्मविश्वास से लबरेज हो और ऐसी काबिलियत कई एक लोगों में है। फिर भी मुझे जो भी भूमिकाएँ निभाने के लिए मिल रही थीं, उनका एक मतलब तो साफ़ था कि मैंने जो भी वक्त खर्च किया, वो उतना हैरतअंगेज या शिक्षाप्रद नहीं था, जितना कि अब इस भूमिका में साफ़ नजर आ रहा था। दूसरे शब्दों में कहा जाए तो अपने बूते पर कुछ भी नया शुरू करना ही मेरे लिए ऐसा अवसर था, जो मुझे समूची कंपनी की ज़िम्मेदारी का एहसास दिला रहा था। अब मैं अपने भीतर ऐसे कौशल विकसित कर सकता था, जो मेरे कार्य सीमा के बाहर के क्षेत्रें में भी काम करने की ताकत दे सकते थे।

अगले मुहिम की तैयारी- आज के इस तकनीकी समृद्धि से भरपूर उद्योग में यह भी देखा गया है कि अक्सर हर सात साल के बाद नई लहर आती है। आजकल ऐसे बहुत सारे तकनीकी क्षेत्र इंटरनेट, स्मार्ट फोन और आर्टिफिशियल इंटेलीजेंस विकसित हो रहे हैं, जो नित नई चुनौतियों और अवसरों के कारण बनते जा रहे हैं। यदि इन विधाओं में पहले ही महारत हासिल हो जाए, तो यह हमें अप्रत्याशित ढंग से लाभ पहुँचाएगा। इसीलिए यदि कोई भी अनुभवी व्यक्ति किसी बड़े संगठन में कार्यरत एवं सक्रिय है, तो इसका मतलब यह कदापि नहीं हो सकता है कि हम उस संगठन या पद को छोड़ दें, वो भी उन अवसरों के लिए छोड़ दिया जाए, जो

अभी पूर्ण विकसित एवं सिद्ध नहीं हैं। जैसे अगर आपका यह प्रयोग सफल और हिट हो गया, तो आप निश्चित रूप से आगे हो जाएँगे। मैंने इस प्रयोग को करने को सोचा, लेकिन अगर इत्तफाक से यह गलत साबित हो गया, तो फिर सारी हिम्मत और काबिलियत धरी- की -धरी रह जाएगी।

क्या आपके दिलों-दिमाग में डर पल रहा है?

जरा ऐसे इंसान के बारे में सोचें जो किसी भी कंपनी के शीर्ष पद पर बैठा हो, यदि ऐसा व्यक्ति किसी खास मौके की तलाश में हो, तो वाकई में तारीफ की जा सकती है, यदि उसका कार्य या प्रयोग सफल हो जाए। लेकिन इसका मतलब यह कदापि नहीं है कि ऐसे ही बड़ी सफलताएँ हासिल होती रहेगी। इसलिए किसी को भी खुद फैसले लेने चाहिए। यह तब और अधिक महत्त्वपूर्ण है, जब उसका कार्य या व्यवसाय असफलता का मुँह देखने लगे। मेरे लिहाज से अधिकतर लोगों से निपटने के लिए या फिर अधिकतर मौकों से रूबरू होने का यही बेहतर तरीका है। किसी भी व्यक्ति के पास इतनी बचत तो होनी ही चाहिए कि वो बिना आमदनी के भी एकाध साल बिता ले। यदि कोई भी व्यक्ति फिर से पुराने संगठन या कंपनी में वापस जाना चाहे, तो यह भी हो सकता है कि उसकी आख़िरी पगार उसकी कमाई के हिसाब से काफ़ी कमतर हो।

लेकिन अधिकतर मामलों में यही देखा गया है कि किसी को भी इस समस्या का ठोस हल तुरंत नहीं मिल पाता है। कोई भी उद्यम या व्यवसाय एक नया प्रयोग है, ताकि नए अवसर पैदा किए जा सकें। वे लोग, जिनके पास अच्छे खासे तजुर्बे हैं, वे किसी अवसर या मौके का चयन तुरंत नहीं कर पाते हैं और गर इनके द्वारा चयन भी किया जाता है, तो फिर इनके प्रयोग बाजार में अपनी जड़ें नहीं जमा पाते हैं। वे प्रयोग जो किसी भी तथ्य या घटना का रूप-रंग बदल

देते हैं और यदि ये सारी चीजें कामयाब हो गईं तो इसका समाधान या हल या नतीजा इतना विशाल होता है, जो सभी के लिए सहज सुलभ हो सकता है। यदि इन सारी व्यवस्थाओं में अफरा-तफरी या हड़बड़ी हो गई, तो फिर भविष्य के सारे रास्ते दुर्गम एवं कठिन हो जाएँगे। ऐसी भी शख्सियतें हैं जो ऊँचे ओहदे और मुकाम पर हैं, लेकिन उनमें कुछ गुण ऐसे हैं, जो किरकिरी पैदा करने वाले हैं।

इस तरह के लोगों की जरूरत भी एक बड़ा संगठन कायम करने के लिए महसूस की जाती है, लेकिन कभी-कभी ये सारी चीजें भी ख़ामी में बदल जाती है। अब इसमें समझदारी यही है या फिर इसमें खास बात यही है कि किसी भी संगठन या व्यवसाय को खड़े करने और मजबूत करने में अधिक समय लगता है।

इन सभी में सबसे बड़ी आशंका यही है कि हमारे जैसे लोगों को इन व्यवसायों में अपना भविष्य तलाशने एवं निर्मित करने में अधिक समय लगता है और इसका कोई खास असर भी नहीं दिखता है। फिर भी इस सत्य से इंकार नहीं किया जा सकता है कि किसी भी काम को करने में अधिक समय लगता है और कठिन मेहनत तो इसके लिए पहली शर्त है, ताकि हम कंपनी में सफलता की सीढ़ियाँ चढ़ सकें। लेकिन इसकी भी तयशुदा गारंटी है कि हमें इन उद्योगों में प्रभावशाली भूमिकाएँ निभाने का मौका मिलेगा। जब मैंने अपने मैनेजर से अपने पिछले काम को छोड़ने और नए काम को तलाशने का जिक्र किया तो उसके मुँह से निकल पड़ा, "वाकई में मुश्किल मेरे जैसे लोगों के लिए है, जो ट्रेडमिल या पटरी से उतर चुके हैं।" हम इस हकीकत को स्वीकार करते हुए अपने मन से डर को निकाल देते हैं कि वाकई में ऊपर जो कुछ भी कहा गया, वो मुमकिन है। कुछेक समय से कैरियर में हाथ जमाना भी बेतरतीब ढंग से कारगर हो सकता है, लेकिन इसमें ढेर सारे जोखिम भी है।

क्या आप भी अपने भीतर शक के शिकार हैं?

'स्टार्टअप' को अक्सर ऐसे प्रयास के रूप में देखा गया है, जो आज तक पहले कभी नहीं हुआ। प्रायः लोग 'स्टार्टअप' की शुरुआत तो कर देते हैं, लेकिन उनमें पर्याप्त और सटीक कौशल का अभाव होता है जो किसी भी 'स्टार्टअप' के शुरू होने और विकसित होने के लिए आवश्यक होता है।

वैसे 'स्टार्टअप' की किस्मत को तय करने में बाहरी कारकों की भूमिका भी देखी गई है। न जाने कितने ऐसे होनहार हैं, जिनके कला-कौशल एवं तकनीकी कुशलता नष्ट हो जाया करते हैं। अच्छी खासी मेहनत पर किसी को भरोसा भी नहीं होता है। कई एक ढेर सारे जोखिम भरे फैसले होते हैं, जो तय किये जाने होते हैं। हरेक व्यक्ति अपनी-अपनी शैली में और अपने-अपने तरीके से 'स्टार्टअप' की दिशा और दशा तय करते हैं। लेकिन मुझे कोई पछतावा होने वाला नहीं है, क्योंकि मैं इन सारे कारणों एवं परिस्थितियों से परिचित हूँ। मैं पूरी तरह वाकिफ हूँ कि सफलता के कई ठोस कारण भी होते हैं। इसलिए हर एक कदम सोच-समझकर उठाने होते हैं। बेहतर है कि हम सफर का पूरा आनंद उठाएँ, बजाए इसके कि हम परिणामों की प्रतीक्षा साँस रोककर या दिल थामकर करें। इस अवस्था में किसी के भी दिलों-दिमाग में रत्ती भर शक नहीं रह जाता।

कुंठा के क्षण

बड़ी कंपनियों में प्रायः मुझे बहुत तेजी के साथ परियोजनाओं पर काम करने के लिए लगा दिया जाता था। ऐसा इसलिए किया जाता था क्योंकि कुछ सोची-समझी प्रक्रियाएँ थीं, जिसके तहत ये सारे फैसले लिए जाते थे।

वैसे भी बड़ी कंपनियों में अधिकांशतः अच्छी-खासी धनराशियाँ परियोजना पर व्यय की जाती रही है। 'स्टार्टअप' परियोजनाओं में ढेर सारी अनिश्चितताएँ होती हैं। कई एक

ऐसी अप्रत्याशित बाधाएँ होती हैं, जिनके निवारण में कितना समय लगेगा, इसका अंदाजा नहीं लगाया जा सकता है। यह देखकर काफ़ी निराशा होती है कि बहुतेरी समयबद्ध योजनाएँ चूर-चूर हो जाती हैं। हमें पूरा विश्वास है कि परियोजना कार्य में थोड़ी-सी भी प्रगति होने पर कई तरह की निराशा एवं कुंठा जन्म लेती है।

आत्म-अन्वेषण

मेरी शिक्षा-दीक्षा एवं कार्य-अनुभवों में कंप्यूटर सॉफ़्टवेयर सिस्टम्स (नेटवर्किंग, स्टोरेज एवं कम्प्यूटेशन) की निपुणता शामिल है। लेकिन मुझे आर्टिफिशियल इंटेलीजेंस या रोबोटिक्स की थोड़ी भी जानकारी नहीं थी। जब मैंने परिणाम देखा तो मुझे लगा कि शायद इन्हीं क्षेत्रों में संभावनाएँ मौजूद हैं। मैंने सोचा कि अब शायद आने वाले कल इन्हीं विधाओं के हैं। तो मैंने इसी क्षेत्र में अपने भाग्य को आजमाने का निश्चय किया। मुझे यह भी कहा गया कि 'स्टार्टअप' तो फिसड्डी साबित हो जाएँगे और यदि वाकई में किस्मत किसी दूसरी विद्या में आजमानी है, तो बेहतर है कि गूगल में किस्मत आजमाई जाए। मैंने यही फैसला किया कि जल्दबाजी में किसी तरह का फैसला न लिया जाए और इस नए क्षेत्र के बारे में जानने और समझने के लिए पूरे एक साल का उपयोग किया जाए। और यह कार्य पिछली कंपनी को छोड़ने से पहले ही करना बेहतर होगा।

अभी तक का विकास

मैं इस बात पर शर्त लगा सकता हूँ कि आधारभूत टेक्नोलॉजी इतनी सक्षम है कि अब तो रोबोटिक्स के जरिए सामान्य उद्देश्य भी पूरे हो सकते हैं और रोजमर्रा के कार्य तो रोबोट ही चुस्ती के साथ निपटा सकते हैं। इस काम में निरंतर प्रगति जारी है और हम इसको लेकर काफ़ी सजीदा हैं।

छोड़ देने का लालच

मैं सोचता हूँ कि किसी भी तरह का जुनून पालना और खासतौर पर किसी भी समस्या के प्रति जुनून रखना वाकई गंभीर है। जिसे आप अपने तरीके से निपटाने जा रहे हैं। ऐसे ही आनन-फानन में 'स्टार्टअप' शुरू किए जाने का कोई मतलब नहीं है, यदि ऐतिहासिक आँकड़े या फिर पुरस्कार की संभावनाएँ सीमित हैं। हर एक मौके पर 'स्टार्टअप' को शुरू करके फिर खत्म करने के पीछे भी कई कारण हैं। ऐसे ही ये प्रक्रियाएँ चलती रहती हैं और वैसे भी यह कतई संभव नहीं है कि किसी के दिलों-दिमाग से समस्याओं का बोझ कम कर दिया जाए। इस तरह के ढेर सारे मजाक पहले भी किए गए हैं, लेकिन इस तरह की कहानियों में दिलचस्पी तब और बढ़ जाती है, जब इसमें अचानक असफलता की आहटें सुनाई पड़ने लगती हैं।

क्या आप में उद्देश्य के भाव निहित हैं?

किसी भी 'स्टार्टअप' को शुरू करने या शुरू होने में मैं चाहता था कि वास्तविक दुनिया में इसका सकारात्मक असर पड़े और इसे केवल कमाई या आमदनी का जरिया ही न बनाया जाए। अभी तक मुझे भी लगता है कि मैं भी 'स्टार्टअप' के मूल उद्देश्यों के साथ जुड़ा हुआ हूँ।

क्या सलाहकारों के नेटवर्क को रखना महत्वपूर्ण है?

हाँ, यह पूरी तरह आवश्यक है। मेरे पास भी मेरे पिछली कंपनी में कई एक लोग रहे थे, जिन्होंने समय-समय पर सलाहें दीं। ये लोग अपने दृष्टिकोणों से मुझे अवगत कराते थे और मैं उन पर चिंतन-मनन किया करता था। इन्होंने मेरी मुलाकात अन्य लोगों से भी कराई, जो मेरे व्यवसाय में प्रत्यक्ष तरीके से भरपूर मदद कर सकते थे।

आपको शाश्वत की कहानी कैसी लगी? मुझे उम्मीद है कि इससे आपकी सूझबूझ को बल मिलेगा, जो किसी भी

तरह की तबदीली में मददगार होगी। हालाँकि यह कोई नया व्यवसाय नहीं है और फिर हम तो केवल व्यवसाय में हेर-फेर करने जा रहे हैं या अपने संगठन के कला-कौशल में बदलाव लाने जा रहे हैं। अब जरा एक दूसरे इंसान की कहानी पर भी गौर फरमा लिया जाए, जिन्होंने अपने कैरियर में शानदार तरीके से वापसी उस वक्त में की, जब वे अपने जीवन में एक माँ और एक पत्नी की भूमिका निभाकर फुर्सत पा चुकी थीं। मैं 'ऐमी' को पहले से ही जानता था। इन्होंने एक अच्छे विश्वविद्यालय से अर्थशास्त्र में सर्वोच्च स्थान प्राप्त किया था। इसके बाद इन्होंने एक गहन महत्वाकांक्षा के साथ दुनिया के शीर्षस्थ विज्ञापन एजेंसियों में काम करने के लिए एम.बी.ए. की डिग्री हासिल की। उन्होंने अपने कैरियर की शुरुफ़आत में 'इंटर्नशिप' किया और अपने कैरियर को नई धार देने के लिए सिंगापुर की फर्म को ज्वाइन किया। और तब उन्होंने एहसास किया कि वो एक ऐसे इंसान को दिल दे बैठीं, जिसके साथ उनका लंबा साथ रहा। उन्हें अपने ऊपर भरोसा ही नहीं हुआ क्योंकि उनका इरादा था कि वो सबसे ज़्यादा अपने कैरियर पर ध्यान देंगी। फिर क्या था, उन्होंने शादी कर ली। वक्त भी पंख लगाकर उड़ता रहा। उनके बीच अब दो सालों के बाद दो नए मेहमान आ चुके थे। ऐमी ने भरपूर कोशिश की कि वो एक बेहतर 'माँ' साबित हो सकें। वो उनका तरीके से भरपूर खयाल रखती थीं। इसके बाद उन्होंने और उनके पति ने फैसला किया कि घर का सारा खर्च अब पतिदेव के द्वारा ही बर्दाश्त किया जाएगा। ऐमी अब अपना काम-धाम छोड़ चुकी थी। ताकि वो एक अच्छी गृहिणी और माँ साबित हो सकें तथा अपने पति का सहयोग कर सकें। दो संतानों को पालना-पोसना कोई आसान भी नहीं था। इसलिए उन्होंने अपने पति और परिवार को सहयोग करने के इरादे से घर से ही काम करने का फैसला किया और एक 'ग्लोबल मार्केट रिसर्च फर्म' से जुड़ गईं और एकाध परियोजनाओं पर उन्हें शानदार कामयाबी भी मिली। उनके ही शब्दों में, फ्वाकई

में यह एक शानदार मौका रहा, लेकिन कुछ सालों बाद मैं बोर हो गई और मैंने इस काम को छोड़ दिया क्योंकि मुझे ऐसा लगा कि मैं मशीनी हो चुकी थी। फिर मैंने स्वतंत्र रूप से किए जाने वाले काम पर हाथ आजमाने की कोशिश की। फिर ऐसा भी वक्त आया, जब इन उलटे-पुलटे काम से मुझे कोफ्ऱत होने लगी क्योंकि इनमें कोई मजा नहीं रह गया था।य् अब ऐमी के बच्चे माध्यमिक विद्यालय में शिक्षा प्राप्त करने लगे थे।

और अब ऐमी के पास खाली वक्त रह गया था और अब उसे अपने कैरियर पर ध्यान देने का पूरा मौका मिल सकता था। फिर उनके पति ने सलाह दी कि उसे एक कंपनी की शुरुआत करनी चाहिए ताकि मार्केट में रिसर्च जैसी समस्याओं का समाधान निकाला जा सके और यह मार्केट में सक्रिय लघु एवं मध्यम उद्योगों के लिए मददगार भी साबित हो सकता था, जिनको अपने लाभ संवर्धन के लिए शोध सहायकों की जरूरत पड़ती रहती है। ऐमी ने कुछेक इसी क्षेत्र से जुड़े व्यक्तियों से बातचीत की, जिनको मार्केट रिसर्च का शानदार अनुभव रहा था और जो अपने कैरियर से फुर्सत पा चुके थे। ऐसे ही लोगों को मिलाकर एक शानदार टीम बनाई गई। लेकिन शुरुआत धीमी गति से हुई, लेकिन कुछ ही सालों के दरम्यान व्यापार ने अपनी मंदी दिखानी शुरू की। लिहाजा ऐमी ने अपने घर परिवार को प्रमुखता देना शुरू किया। उनके बच्चे भी बड़े हो चुके थे और फिर एक बार ऐमी ने पूर्ण रूप से माँ की भूमिका में ही रहने का फैसला किया। मेरे साथ एक साक्षात्कार में ऐमी ने हँसते हुए कहा, "मेरे भीतर माँ के किरदार ने जोर मारना शुरू कर दिया है। हमें बस इतना ही कहना है कि मेरे जैविक बच्चे मेरे लिए सबसे ऊपर है और मेरी महत्वाकांक्षा के आगे मेरे बच्चे भारी पड़ रहे हैं और ये सारी चीजें बयाँ करती हैं कि मैं अपनी दुनिया बसा डालूँ।"

जैसे ही ऐमी के पति को दूसरे देश में काम करने का मौका मिला, तो उन्होंने अपनी फर्म को बंद करने का फैसला किया और फिर बच्चों के साथ घुल मिल गईं। उन्होंने कहा, "मेरा एक हिस्सा तो बहुत ही बुरा है क्योंकि मैं जल्दी ही फर्म से छुटकारा पा जाऊँगी, जो मेरे दिलों-दिमाग पर बोझ-सा था और वैसे भी यह घाटे का सौदा था। लेकिन मेरा दूसरा हिस्सा उदास भी है कि मेरी जिंदगी केवल गृहिणी के रूप में कैद हो जाएगी, जिसको मैंने बचपन से देखा और झेला है।

यह एक हकीकत है कि मुझे याद है कि मैं सबसे अधिक खुश महसूस कर रही थी, जब मैं बहुत छोटी थी और उस वक्त मेरी माँ ने स्कूल में पढ़ाना शुरू कर दिया। मैं बहुत खुश होती थी, जब कोई यह कहता था कि मैं एक काम करने वाली माँ की बेटी हूँ।"

नए देश की चकाचौंध ने मेरे पर जादुई असर डाल रखा था। ऐसा लगा कि जिंदगी एक नई उड़ान के साथ शुरुआत कर रही थी। ऐमी के बच्चे अब हाईस्कूल में पहुँच चुके थे। उनके बच्चे भी अब बड़े होकर घोंसले से नई उड़ान भरने को तैयार थे। इसलिए इनकी माँ ने फैसला किया कि अब समय आ गया है जब जीवन में कैरियर की उहापोह से अलग हटकर पारिवारिक जीवन में वापस लौटा जाए। मैंने भी ऐमी की बातचीत को अपने यादगार में समेट लिया ताकि आपको उनकी भावनाओं से परिचय करा सकूँ।

आपने अपने आपको एक बार फिर कैसे टटोला?

"मैं बहुत खुश थी क्योंकि मैं एक माँ और एक पत्नी के रूप में 100% यानी कि पूरी तरह से समर्पित थी, लेकिन मेरे गहरे मन में एक उदासी भी पल रही थी क्योंकि मेरे अंदर की लड़की के कुछ अरमान भी थे कि अपनी काबिलियत के बल पर कुछ हासिल किया जाए। ऐसा इसलिए नहीं था कि दुनिया देखे और हमारा इस्तकबाल करे, बल्कि इसलिए मेरे

अंदर की लड़की के अरमानों को भी पंख लगें और उड़ान भर सकें और सुकून मिल सके। मेरे अंदर की लड़की और औरत ने मेरे ईद-गिर्द घटनाओं में ऐसा नाटकीय मोड़ पैदा किया कि मेरे में आमूल चूल परिवर्तन हो चुका था और मैं वो बन गई जो आज मैं हूँ। कुछ सालों पहले मैंने एक 'पेंटिंग चित्र' अपने पति को उनके जन्मदिन के अवसर पर भेंट किया। मैंने इस चित्र को शौकिया तौर पर अपनी एक परिचित दलित महिला से हासिल किया था, जिन्होंने मुझे इस अद्भुत कला की कारीगरी समझाई थी। मेरे पतिदेव लगातार मुझे कुरेदे चले जा रहे थे कि मैं कुछ शुरू करूँ। यह भी हो सकता था कि मैं उनके दिलों दिमाग को सुकून पहुँचाने में लगी थी और उनको ये सारा हजम नहीं हो रहा था। मुझे यह भी लगा कि उनको ये 'पेंटिंग चित्र' पसंद नहीं है और इसीलिए मैंने एक दूसरा 'पेंटिंग चित्र' बनाने की दुबारा कोशिश करने के दरम्यान ब्रश और पेंटिंग खरीदी। मैंने पूरी गंभीरता और संजीदगी के साथ पेंटिंग बनानी शुरू की। मेरी पेंटिंग की तारीफ मेरे परिवार के हरेक सदस्य के द्वारा की गई क्योंकि मैंने 'विंसी' की पेंटिंग बनाई थी।

मेरी पेंटिंग ने मेरे तन-मन में आत्मविश्वास भर दिया था। मैं जोशोखरोश से लबरेज थी और मुझे लगा कि मेरे अंदर एक कलाकार जिंदा हो रहा है। मैंने अब नई और जोखिम से भरी चीजों पर अपने ब्रश आजमाने का फैसला किया। मेरे लिए अगला कदम अपने पेंटिंग चित्रों के लिए बाजार तलाशना था। मैं जानती थी कि मेरी कला में जादू है और इसे सारे बाजार में बिखेरने का फैसला किया। क्योंकि मैं इतने जोश से भरपूर थी कि मैं चाहती थी कि कम-से-कम निवेश में एक नई शुरुआत की जाए। मैं अपनी कला की प्रदर्शनी नहीं लगाना चाहती थी, जब तक कि कलाकारों की दुनिया में मेरे पैर नहीं जम जाते। मैं बाजार में छः से आठ घंटे तक अपनी पेंटिंग हाथों में लटकाए और सरे आम प्रदर्शन

करते हुए खड़ी रहती और स्कूलों में भी अपनी कला का प्रदर्शन करने के लिए मेले आयोजित करती, ताकि खरीदारों की पसंदगी का अनुमान लगाया जा सके। यह काम काफ़ी मुश्किल था। अब मुझे लगा कि लोग भी कला पर बेतहाशा पैसे लुटा सकते हैं क्योंकि वे इसमें सुकून के दो पल ढूँढते हैं।

फिर आगे कौन-सी घटनाएँ घटीं? आगे क्या हुआ?

कई एक प्रदर्शनियों और कार्यक्रमों में भाग लेने के बाद मुझमें अपने श्रोताओं के बारे में एक समझ विकसित करने का भाव पैदा हुआ। अंतर्राष्ट्रीय स्तर पर चयनित नए कलाकारों के मध्य पर्याप्त प्रतिस्पर्धा के भाव भी दिखाई दे रहे थे, तो मैंने इसको भाँप कर अपने तीनों हालिया पेंटिंग चित्रें को लेकर प्रतियोगिता में हिस्सा लेने का फैसला किया। नाम के अलावा मेरा ध्यान कला दीर्घा में रखी मेरी कलाकृतियों की तरफ गया। यह शायद मेरे सपनों की मंज़िल के रास्ते में मील का पत्थर था। क्योंकि कठिन मेहनत कभी बेकार नहीं होती और मेरे एक पेंटिंग चित्र को द्वितीय पुरस्कार मिला। मेरी तीनों पेंटिंग चित्रें को भी सभी का ध्यान आकृष्ट करने का मौका मिला। मेरी खुशी का पारावार न रहा और मेरी इच्छा बलवती हो उठी कि मैं और अधिक ‘पेंटिंग कॉम्पटिशन’ में हिस्सा लूँ। इससे मुझे जबरदस्त पहचान मिली। आखिर में मुझे और मेरे नाम को, मेरे काम से जाना जाने लगा। मैंने अब तक लगभग तीस पेंटिंग चित्रें को बेच दिया है। अब मैं सोचने लगी हूँ कि मेरी खुद की कलादीर्घा विकसित हो, ताकि नवोदित कलाकारों को प्रोत्साहन मिले।

क्या आप जो करती हैं, वो आपको पंसद है?

हाँ, हमेशा हर पल। जब मैं अपने स्टूडियों में बैठती हूँ और कैनवास पर ब्रश फेरा करती हूँ, तो मैं दूसरी दुनिया में चली जाती हूँ। मैंने अपने भविष्य की ध्वनियों को या भविष्य की आहटों को महसूस किया है, मुझे अभी बहुत दूर जाना है।

वास्तव में कलाकार बन जाना आसान नहीं है। ऐसी बहुत सारी प्रतिभाएँ हैं। लेकिन इस भीड़ में भी हम अपने सफर का आनंद लेते हैं और प्रतिक्षण का स्वाद लेते हुए मुझे अपनी मंज़िल तक पहुँचना है। मुझे पूर्ण विश्वास है कि एक समय ऐसा भी आएगा, जब मुझे और मेरे काम को सराहा जाएगा और उन्हें एक नई पहचान मिलेगी। मैं अपने मिशन पर लगी हुई हूँ।

ऐमी अपने सफर में मस्त और व्यस्त है और उनके मन में आनंद के विस्मित लेकिन रहस्यात्मक भाव भी छिपे हुए हैं। तो ये दो कथाएँ आपके सामने रही। मुझे उम्मीद है और इसमें कोई शक नहीं है कि वो जरूर कामयाब होगी और ये कहानियाँ आपकी कहानी से भी तालमेल बनाएँगी और आपके भविष्य का मार्ग प्रशस्त करेंगी।

मेरा सिद्धांत है कि शाश्वत और ऐमी न केवल एक आदर्श हैं, बल्कि ऐसे बहुत सारे ऐसे लोग हैं, जो इन दोनों शानदार लोगों की कहानियों से अपने आपको जोड़ेंगे और अपने भीतर की असली ताकत को अनुभव करेंगे और उनको सही दिशा मिलेगी।

✍ ✍ ✍

अंतिम मोर्चे की कार्रवाई अंतिम मोर्चे के लिए उठाया गया कदम

सालों से मैंने खुद इस बात की भरपूर कोशिश की कि घिसी-पिटी लकीरों से या परंपरा के ढाँचे से बाहर निकलने की कोशिश की जाए। इसके लिए मैंने चुस्ती-फुर्ती को दुरफ़स्त करते हुए अपने जोश को दुगना किया। ऐसा लगता था कि मैं एक दिन में या रोज-ब-रोज उम्मीद से अधिक काम कर ले रहा था। अब मैं जग चुका था। जब आँख खुले, तभी सवेरा। मुझे समझ में आ चुका था कि यह जिंदगी केवल कोल्हू के बैल के मानिंद चक्कर काटते रहने के लिए नहीं, बल्कि बेहतर यही होगा कि इसे मैराथन की शक्ल दे दी जाए। अपनी छोटी-सी जिंदगी में मैंने कैरियर एवं लक्ष्य पर सबसे अधिक ध्यान केंद्रित किया था क्योंकि मैं जानता था कि यही मेरी इकलौती खुशी है, यही मेरा सब कुछ है। मैं केवल एक मोर्चे को फतह करने के बाद दूसरे मोर्चे की तरफ लपकता रहा और थक-थक कर चूर होता रहा। लेकिन इसके बदले में मुझे जो भी इनाम मिले, उसके आकर्षण या कोशिश में कोई दम न था। होश सँभालते ही मैंने जिंदगी के बारे में जो नजरिया लिया कि 'यह लंबी दौड़ है जिसमें या जिसके रास्ते में कई एक पहाड़ियाँ हैं, तो घाटियों की भी एक शृंखला है', तो मेरे सारे अंग-प्रत्यंग उन खूबसूरत वादियों की खूशबू से भर जाते और रोम-रोम रोमांच से भर उठता। मेरी इस अनुभूति में और भी रंग भरने लगते। मैं अब पूर्ण रूप से संतुष्ट जीवन को काफ़ी करीने से जी रहा था।

अभी मैंने हाल ही में अनु जी का साक्षात्कार लिया, जिन्होंने जैसा कि मुझे महसूस होता था, पूरी जिंदगी के कलेवर को अपने अंतिम पड़ाव पर काफ़ी खूबसूरती के साथ समेटने का और उसे प्रतीक में लिपिबद्ध कर रखा था। उनकी कहानी में सटीकता है और इसने मुझे निजी तौर पर प्रेरित किया। उनके पास एक फलता-फूलता व्यवसाय तो है ही, साथ-ही-साथ वो एक बेहतरीन शिल्पी भी हैं। उन्होंने एक फर्म उनचास वर्ष की उम्र में स्थापित कर रखी थी, जो दिनों-दिन तरक्की करती रही और यह रफ्रतार पच्चीस सालों तक बदस्तूर कायम रही। उन्हें अपने काम से प्यार था। अपनी फर्म स्थापित करते समय उन्होंने महसूस किया कि उनके अधिकतर साथी अपने व्यवसाय में रच- बस चुके थे। अनु जी की भावनाएँ उनकी कृतियों में बसती हैं और कभी भी उनके ग्राहकों की नजरों से बच नहीं पाती हैं। जो हर वक्त उनके हर काम के कायल रहा करते हैं। वे लोग जो उन्हें बखूबी नहीं जानते हैं, उनका मानना है कि पिछले कुछ दशकों से अनु जी का व्यवसाय प्रगति की राह पर है। लेकिन उनकी कहानियों में कुछेक नाटकीय मोड़ भी हैं। जिन्हें उन्होंने काफ़ी दिलदारी के साथ मेरे साथ साझा किया, जब उन्होंने मेर साथ बातचीत की। ऊच्च प्रतिष्ठित कॉलेज से वास्तुविद् के रूप में स्नातक करने के बाद, उन्होंने लगातार सोलह सालों तक काम किया और उसके बाद अपने पति के विदेश में कार्य के सिलसिले में जाने और वहाँ ज्वाइन करने के बाद वो भी वहीं चली गईं और उनके साथ ग्यारह साल की बिटिया भी थी। नए ठौर में अपनी जगह तलाशते हुए उन्हें सब समझ में आने लगा कि उन्हें वहाँ नए जोखिमों का सामना करना पड़ सकता है क्योंकि उनकी वास्तुशास्त्र की डिग्री की नए देश में कोई मान्यता नहीं है। लिहाजा उलझने की बजाय, उन्होंने लेक्चरर के पद पर काम करना शुरू कर दिया और साथ-ही-साथ 'बिल्डिंग कंस्ट्रक्शन के एक नए कोर्स में दाखिला भी ले लिया। इसके साथ-ही-साथ वो कुछेक व्यवसायिक लोगों

को शाम की क्लास में पढ़ा दिया करती थीं। अध्ययन के इस नए कार्य से उनको काफ़ी मदद मिली और उन्होंने अपने फुर्सत के लम्हों या फुर्सत के दिनों में अपनी बेटी को भी पढ़ाना शुरू किया और इस तरह उन्होंने अपने खाली समय का भरपूर इस्तेमाल बेटी को पूरा तवज्जो देने और उसके विकास पर करना शुरू किया। वाकई में यह बहुत ही बड़ा सबक का एक मौका था कि उन्होंने अट्ठारह से बीस साल के छात्रें को पढ़ाया, जबकि वो उस निजी संस्कृति और वहाँ की बोलचाल से नावाकिफ रही थीं। यहाँ तक कि कभी-कभी बातचीत में भी दुश्वारियाँ आती रहती थीं। लेकिन अनु को पूरा भरोसा था कि यही एक रास्ता है, जिसके बलबूते पर वो अपने सपनों की ऊँची मंज़िल का रास्ता तय कर सकती थी और अपना खुद का व्यवसाय कर सकती थी। उन्हें अपने जिज्ञासु मस्तिष्क पर पूरा भरोसा था, जिसके बलबूते पर वो किसी भी चुनौतियों का मुकाबला कर सकती थीं। उन्हें वो मनोरंजक लम्हे भी याद हैं कि वो किस तरह से एक तरह के आत्मविश्वास से भरे मुखौटे का भाव अपने चेहरे पर कायम रखती रहीं, भले ही वो भीतर-ही-भीतर कितनी ही उदास क्यों न हो। इसके लिए वो तहे दिल से अपनी युवावस्था के दिनों में थियेटर ट्रेनिंग का शुक्रिया अदा करती हैं क्योंकि उन्होंने इसमें संजीदगी के साथ हिस्सा लिया था। आखिर में वह दिन भी आ गया, जब उनकी बेटी ने यूनिवर्सिटी में अध्ययन के लिए घर छोड़ दिया था। अब उन्हें यह लगने लगा कि उनके दिन कितने लंबे होते जा रहे हैं और शाम के 3:30 बजे तक का समय खत्म होने का नाम नहीं लेता था। कभी कभार उनके पास और अधिक वक्त होता क्योंकि उनके पतिदेव के पास ऐसे भी काम आ जाते थे कि उन्हें सफर करना पड़ जाता था। अब उन्हें पढ़ाने का काम बोझिल लगने लगा और पूरी तरह नीरसता के कगार पर था। उन्हें समझ में आ गया कि यही वक्त है कि वो थोड़ा ठहरकर सोचें और फिर नए सिरे से विचार करें। अरे हाँ, मैंने इसके बारे में तफसील से

पिछले अध्यायों पर बेबाकी के साथ बातें की हैं। आप जरा इस पर गौर फरमाएँ, सोचे और विचार करें। अब वो तकनीकी काम करने पर शिद्दत के साथ सोचने लगीं और फिर उन्होंने बेचब (सिस्टम एप्लीकेशंस एंड प्रोडक्ट्स) का एक नया कोर्स किया लेकिन इससे कुछ हासिल नहीं हुआ। ऐसा लगता था कि उनका असली समय नहीं आया था। उन्हें पता था कि वो सही दिशा की तलाश में थीं और उसी तरफ अपनी किस्मत को आजमाना चाहती थीं। वो चाहती थीं कि उनका भी अपना एक फर्म हो, लेकिन अभी इसके लिए वो तैयार नहीं हो पा रही थीं। अब उन्होंने अपने वास्तुकला के कार्य को ही फैलाने के लिए कवायदें करनी शुरू कीं और जैसा कि कहा जाता है कि किस्मत बहादुरों का ही साथ देती है, वैसा ही उनके साथ भी हुआ। वो याद करते हुए हँस उठती थीं कि किस तरह उनके दोस्त अपने परिवार के ही जीर्ण शीर्ण हो चुके 'केयर होम' को दुरुस्त करने के लिए नक्शा बनाने की खातिर पहुँच गए। उनको उम्मीद थी कि इस बेकार वास्तुकार से मुफ्रत में ही सेवा करवा लेंगे। चूँकि अनु को किसी भी चुनौतियों को ना कहने की या उनसे ना जूझने की आदत नहीं, इसलिए उन्होंने इसे महान या बड़े अवसर के रूप में समझा और फिर पूरी जोरदारी के साथ नक्शे की बारीकियों और इसे स्वीकृति दिलाने की जटिलताओं को समझने की कोशिश की गई। अब उन्हें लगा कि वो तो स्वयं वास्तुकला से जुड़ी परियोजनाओं पर काम करते हुए खुद का नया व्यवसाय खड़ा कर सकती थीं। इसके लिए कड़ी मेहनत की जरुरत थी। अब उन्होंने साहसिक कदम उठाया और अपना एक स्वतंत्र फर्म कायम करने का फैसला लिया। इसके बाद से इन्होंने कभी भी पीछे मुड़कर नहीं देखा। अब वो हर एक दिन का आनंद उठाती हैं। इससे उन्हें रोज कुछ-न-कुछ सीखने को मिलता है और उनकी रचनात्मक सहज प्रवृतियाँ संतुष्ट होती हैं। उनके अनुसार यह उनकी सारी शिक्षा और सारे अनुभवों का एक समन्वय है। अनु ने बाजार में एक तरह की रिक्तता या

शून्यता को भाँपते ही पिछले साल एक दूसरी कंपनी खोल दी ताकि उनका परियोजना-प्रबंधन विविध स्वरूप का हो सके। उनके ही एक खास ग्राहक ने उनके जीवन के प्रति दृष्टिकोण का संक्षिप्त विवरण संक्षिप्त रूप में प्रस्तुत किया और लिखा, "मैं यही कहना चाहता था कि मैं आपकी दृढ़ता और आपके 'न छोड़ने' की प्रवृत्ति से काफ़ी हद तक प्रभावित हूँ। इससे आप जो कर रहे होते हैं, उसका पता चलता है।"

मुझे पसंद है जो जॉर्ज इलियट ने कहा है कि आप जो हो सकते हैं, वो होने में अभी भी बहुत देर नहीं हुई है। आपको तो कोई पछतावा नहीं है कि आप इस वक्त क्या हो या आप अपने जीवन या कैरियर में कहाँ पर पहुँच गए। अनु की तरह ही हमारे इर्द-गिर्द ऐसे भी बहुत सारे हैं, जो अपनी जिंदगी की कहानी में एक मिशन साथ में लेकर उसी के खातिर जी लेते हैं और वही करते हैं, जिससे उनको वाकई मतलब होता है और फिर पूरी दुनिया के सामने अपनी प्रतिभा का लोहा मनवाते हैं।

अभी हाल ही में मैंने पाँच हजार मीटर के मैराथन के लिए तैयारी करनी शुरू कर दी। क्या आपने किसी एक की तैयारी की है या कभी एक बार भी रेस की तैयारी की है। यदि नहीं, तो इसे आजमाइए और तैयारी कर ही लीजिए, यहाँ तक कि छोटी-सी भी आजमाइश काफ़ी है। आप मुझे इजाजत दें कि मैं आपका ध्यान मैराथन धावकों से बातचीत की ओर ले जाऊँ। मैंने उनसे बात की और मुझे कुछ बेशकीमती सलाहें मिली। कमोबेश सभी ने अपनी यादों को समेटते हुए कहा कि धीरज का निर्माण ही सबसे बड़ा घटक है जो हमें लगातार मानसिक एवं मांसपेशीय संघर्ष करने में मदद करता है। सन् 2016 में यू.एस. नेशनल इंस्टिट्यूट ऑफ हेल्थ ने एक अध्ययन में स्पष्ट किया कि उसके अध्ययन एवं सर्वेक्षण कार्य में 62 मैराथन धावकों को शामिल किया गया। इनमें अधिकांश धावकों के जेहन में महीनों से की गई तैयारी में

ऊभरे हुए दर्द गायब मिले, जब उनसे इसी प्रश्न के बारे में पूछा गया। यह प्रश्न पूछने के वक्त वो पूरी रेस की आखिरी बॉर्डर लाइन पार कर चुके थे। वे सभी व्यक्ति, जिनसे मैंने बातचीत की, इस बात पर रजामंद थे कि आखिरी परिणाम ही सारे प्रयासों की कीमत है। वैसे सफर के अंतिम मील के पत्थर या रेस में मील का आखिरी पत्थर ही सीमा के अंतिम बिंदु को पार करने में महत्वपूर्ण भूमिका का निर्वहन करता है। यह शायद मील का आखिरी पत्थर ही है जहाँ आपका दिलो-दिमाग इस बात की तसदीक या पुष्टि करता है कि हम जल्द से फुर्सत पा जाएँ। इन सारी चीजों में हमें धीरज या धैर्य से काफ़ी मदद मिली, जिसने हमारे तन-मन को सफलता के लिए तैयार किया।

जब कभी भी आप अपने भय पर काबू पाते हो, ताकि रेस के आखिरी मील पर तेज़ दौड़ लगाएँ और फिर से खोजा गया उद्देश्य पा लें तो आपको महसूस होगा कि कोई तो चीज है जो आपको रोकती है और वो शायद आपका 'आराम क्षेत्र' है, जबकि उलटे कहीं- न- कहीं से विरोधाभास लगता है, बशर्ते कि आप अपनी माली हालत को लेकर आरामदेह महसूस न कर रहे हों। हम इस स्थिति को 'जड़त्व' यानी 'जड़ता' या 'निष्क्रियता' के नाम से जानते हैं। आखिरकार हम भी इंसान होते हुए कभी-कभी 'आरामदेह' स्थिति की तरफ बहक ही जाते हैं या फिर हमारी निजी जिंदगी हमें आरामतलबी की तरफ धकेल देती है। हम भी इन्हीं आवरणों में अपनी जिंदगी बिताना चाहते हैं। तो यह अत्यंत जरूरी और महत्त्वपूर्ण भी है कि हम इस जड़त्व या निष्क्रियता को तोड़ें, अन्यथा ये सारी चीजें हमारे जीवन में शालीनता और आडम्बर के भाव लाएगी।

हाँ, कभी भी कम पर समझौते न करें। हमने अपने सफर की इस किताब में इसी बिंदु पर बार-बार जोर दिया। क्योंकि यही एक मोर्चा है, जब आपको न केवल अपने डर पर काबू

पाने की जरूरत है, बल्कि विचारों के हर बंधन को या हर सीमा को तोड़ देने की भी ज़रूरत है, जो आपको किस्मत की अगली मंज़िल तक जाने से रोकते हैं। कभी भी अनजान रास्ते पर चलने की कोशिश करने से न हिचकें।

आप मेरे पर भरोसा करें, समय के साथ सब कुछ बेहतर हो जाता है। केवल हमें आपकी प्रतिबद्धता की जरूरत है। किसी भी धक्का देने वाले या धोखा देने वाले का गला घोंट दें। अभी आपके कैरियर का जहाज़ उड़ान भरने वाला है, ताकि वो गरज और शोर मचाते हुए बादलों को चीरकर स्वर्णिम क्षितिज तक पहुँच सके।

यदि आप नियोजन के चरण में हैं, तो पहला कदम यही होगा कि अपने भय पर काबू पाएँ और निष्क्रियता के जंजाल से बाहर आएँ, ताकि आप चुस्ती- दुरफ़स्ती के साथ अपनी कार्रवाई करें, इसके पहले कि आप कही भटक जाएँ।

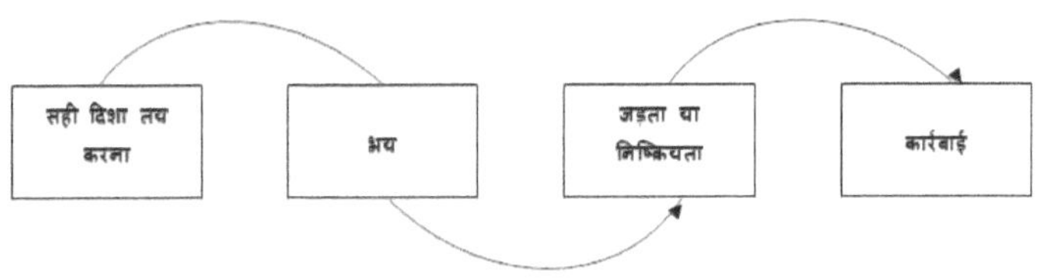

आपकी वापसी की कहानी!

यह योजना 'ए' है। जरा-सा इसके गंभीर कारकों पर विचार करें। जिसकी चर्चा पहले ही की जा चुकी है, ताकि आप 'डर' पर काबू पा सकें और आप सही ढंग से अगले कदमों के बारे में सोचें।

क्रम-1- आर्थिक जोखिम से बाहर निकलें-

आपकी वित्तीय हैसियत क्या है? आपके वित्तीय दायित्व कौन-कौन से हैं? यह सबसे ज्यादा महत्वपूर्ण है। अपनी निम्न आमदनी या शून्य जीविका चक्र की गणना करें।

जैसे मान लें कि जीविका की अवधि दो से तीन सालों की अपेक्षा काफी कम है, तो ऐसी परिस्थिति में जरूरत है कि हम ऐसे दृष्टिकोण को अपनाएँ, जो हमारी आवश्यकताओं एवं भावनाओं को संतुष्ट करे और हमारी जीवन-यात्रा सही लक्ष्य तक पहुँचे। आप इस बात की कोशिश करें कि अधिक-से-अधिक बचत हो, ताकि आप जोखिम ले सकें। इसके अलावे दूसरा विकल्प यह भी है कि एक समानांतर कैरियर का रास्ता भी तैयार किया जाए, जिसका आपके मुख्य कैरियर या मुख्य व्यवसाय से किसी भी तरह का कोई विधिक टकराव न हो। आप इसके अतिरिक्त कैरियर या भविष्य की संभावनाओं के लिए रास्ते को सही ढंग से सहेज कर रखें ताकि आपकी जीवन रूपी नौका बेहतर तरीके से अपना सफर तय कर सके।

पहला कदम लेने से पूर्व लिए जाने वाले कदम: कदम-1- क्या आपने पहले यह भली-भाँति चेक कर लिया है कि आपके फिलवक्त काम करने की जगह पर कोई ऐसा भी विकल्प है, जो आपकी क्षमताओं एवं कौशल के अनुरूप हो? यानी इसका सीधा-सीधा विकल्प है कि आप जरा कुछ देर के लिए ही पीछे मुड़ कर देखें। यह उतना मुश्किल नहीं है, जितना आपको दिखाई देता है, या आप सोचते हैं। आपको जरूरत है कि आप अपनी कंपनी या संगठन की व्यवस्था के अंतर्गत ही या इसके दायरे के भीतर ही कुछ अलग से सोचें या चिंतन-मनन करें। या फिर उलझन की स्थिति से निपटने के लिए अपने उस 'पथ प्रदर्शक' या गुरुफ़ से मिलें, जिस पर आपको अधिक भरोसा हो। अब आप सजग और सचेत हो जाएँ। फिर से उसी पुरानी लीक पर न चलें और किसी भी भ्रमात्मक या छलावे से प्रोन्नति या पदोन्नति के चक्कर में न पड़ें। ऐसा करना ठीक नहीं है। एक बात हमेशा याद रखें कि आप इस जिंदगी के सफर में अपने आपको खोजने या अपनी ही तलाश में निकले हो। इसलिए बेहतर

है कि आप इन छोटी-छोटी और सीमित जीत के चक्कर में ना पड़ें क्योंकि बड़ी जीत हासिल करने के लिए इन छोटी-छोटी चीज़ों को छोड़ देना पड़ता है। हम कभी-कभी अपने सांगठनिक ढाँचे को या फिर उद्योग से जुड़े जान-पहचान वाले लोगों या यूँ कहें कि अपनी टीम को उतनी तवज्जो नहीं दे पाते, जितना कि देना चाहिए। हम चाहते हैं कि अकेले ही सारी बाजी मार ली जाए या फिर हमें इसी से मोहब्बत है कि हम अकेले ही पूरा किला फतह कर लें। लेकिन पूरी टीम या संगठन की पूरी व्यवस्था के साथ मिलकर एकजुटता के साथ जीत हासिल करना ज्यादा आनंद और मजा देता है क्योंकि ये हमेशा हमारे सहयोग एवं समर्थन के लिए खड़े रहते हैं। जब मैं बोर्ड के अपने गुरफ़ या पथ प्रदर्शक से पूरी साफगोई के साथ और पूरी ईमानदारी बरतते हुए बात करने पहुँचा कि मैं अपने फिलहाल के कार्य से या फिलहाल के पद एवं स्थिति से संतुष्ट नहीं हूँ और मुझे अपेक्षाकृत कहीं अधिक चुनौतीपूर्ण कार्य पसंद हैं, तो वह मेरी बातों को सुनकर सन्न रह गए। अधिकांश अधिकारी और अधिक पाने के लिए दिन-रात जद्दोजहद करते हैं। किसी भी कार्य या कंपनी को छोड़ देना मुश्किलों से भरा या छलावों से भरा होता है और भी ज्यादा मुश्किलें तब आती हैं, जब इन चीजों को सही ढंग से व्यक्त नहीं किया गया होता है। मैं वाकई में किस्मत का धनी था कि मेरे पथ प्रदर्शक यानी गुरफ़ जी ने काफी वक्त लेते हुए पूरे इतमीनान के साथ मुझे समझने की कोशिश की और इसके साथ ही मुझे प्रस्ताव भी दिया गया, जिसे मैं इनकार नहीं कर सका। वो चाहते थे कि मैं भी बोर्ड के साथ काम करूँ, ताकि भविष्य में आगे आने वाले कंपनी के आला अधिकारियों के भविष्य को सँवारा जा सके तथा कंपनी में मौजूदा 'मुख्य कार्यकारी अधिकारियों' में से ही बेहतरीन अग्रणी अधिकारियों को उभारा जा सके। सभी सीनियर अधिकारियों, जिन्होंने सफलतापूर्वक परिवर्तन कर लिया या बदलाव की प्रक्रिया से गुजरे हैं, में लगभग

इस एक बात पर तो रजामंदी है ही कि वे कभी भी मामूली छलांग लगाने के पक्ष में नहीं हैं। कभी कभार आप संगठन या कंपनी के भीतर ही अपने काम को सुधारने या बेहतर करने की कोशिश करते हैं। जिससे आप खुद-ब-खुद एक बड़े या वृहद् उद्देश्यों से जुड़ जाते हैं।

कदम-2- यदि एक बार आपने किसी भी काम को करने की ठान ली है, तो फिर पूरी शिद्दत के साथ हरेक जानकारियों एवं विवरणों को सहेजते हुए योजना बनाने के लिए पूरी मेहनत के साथ काम करें। अगला कदम उठाने से पहले अच्छी तरह से तैयारी कर लेना ही मूल मंत्र है। गैरी प्लेयर ने एक बार कहा था, "जितना कठिन और अधिक मेहनत हमारे द्वारा की जाती है, उतना ही अधिक हम भाग्यशाली होते जाते हैं।" आप एक विद्यार्थी बनें, शोधार्थी बनें और फिर अपने भीतर ऊर्जा महसूस करें। आप हर एक स्रोत से जानकारियाँ लिया करें। और ऐसा तभी हो सकता है जब आप उद्योग जगत की महत्त्वपूर्ण घटनाओं या किसी भी खास घटनाओं या कार्यक्रमों में शामिल हों या फिर ऐसे लोगों से बातें करें जो इस तरह के क्षेत्र में कार्यरत एवं सक्रिय हों, जहाँ आप योजना को निर्मित एवं कार्यान्वित करने के बारे में सोच रहे हैं। पहले तो यह काम आपको मुश्किल लगेगा, लेकिन एक बार आपने शुरुआत कर दी, तो आपको हैरानी होगी यह जानकर कि आपके इर्द-गिर्द ऐसे लोग हैं जो पहले से ही आपको मदद एवं सुझाव देने के लिए खड़े हैं।

कदम-3- आप अपने लिए ऐसा पथ-प्रदर्शक या गुरुफ़ तलाशें, जो आपको हौसला देता हो। यदि आपको ऐसा ही कोई मिल गया, तो फिर आपको बेशकीमती सलाहें मिलेंगी या फिर जब भी आपको कुछ बोलने का मौका मिलेगा, तो आपको यही लगेगा कि 'मुझे कुछ नया मिल गया' या फिर 'मैंने कुछ पा लिया।'

कदम-4- स्पष्ट आगामी महत्वपूर्ण घटनाओं एवं कार्यक्रमों के साथ एक कैलेंडर तैयार करें। याद रखे कि बिना किसी अनुशासन के कुछ भी संभव नहीं है। आप अपने अगले महत्वपूर्ण लक्ष्य के लिए अपने पथ-प्रदर्शक या अपने गुरुफ़ जी से बातें कर सकते हैं। जरूरत के अनुसार, अपने महत्वपूर्ण लक्ष्यों एवं कार्यक्रमों पर फिर से विचार करें और आगे बढ़ें। फिर तरक्की आपके कदम चूमेगी। लेकिन इस बीच में सक्रियता एवं जड़ता न आने दें। आगे आने वाली हरेक छोटी-मोटी जीत को हासिल करने के लिए दिल और दिमाग को दुरुस्त करें। अपने गुरुफ़ जी या पथ-प्रदर्शक से आग्रह करें कि आपको लक्ष्यों को हासिल करने के लिए ज़िम्मेदार ठहराते रहें, या वो आपको इसके लिए ज़िम्मेदार बनाए।

कदम-5- कोशिश करें और आगे विस्तार करें, जैसा कि मैंने पहले भी आपको कहा है और मैं इसे बारंबार कहना चाहूँगा। कोई भी कदम उठाने से पहले हिचकिचाहट महसूस न करें और इस तरह कदम न उठाए जैसे कि लगे कि 'आपने इससे पहले कोशिश की ही नहीं।' 'ठंडे और बर्फीले पानी में डुबकी लगाना तो आसान है, लेकिन इसी ठंडे और बर्फीले पानी से भरे तालाब में तैराकी आजमाना वाकई मुश्किल रहा करता है।' ठीक इसी तरह यदि आपको भी आपके काम छिन जाने जैसी दुर्भाग्यपूर्ण परिस्थितियों से गुजरना पड़े, तो फिर अपने आपको आरामदेह जैसी स्थितियों से बाहर निकालना ही आपके लिए महत्वपूर्ण है। मैंने इसी तरह के एक वरिष्ठ अधिकारी को देखा, जो अपने लिए नया काम ढूँढ रहे थे। उनको जनसांख्यिकी के क्षेत्र में अधिकारी के पद की तलाश थी। उन्होंने देखा कि युवा प्रतिभाएँ आगे आने वाले दशक में उनके पद को सँभालने जा रही हैं और यह भी संभव है कि एक दिन वो भी आएगा जब इन पदों को यंत्र मानवों के द्वारा सँभाला जाएगा। बहरहाल इसी तरह के अधिकारियों के द्वारा केवल तालमेल एवं पुर्नकौशल के द्वारा यानी इसी तरह के

यंत्र मानवों के द्वारा ये सारे कार्य किए जा सकेंगे जो आजतक कभी किसी ने सोचा भी नहीं होगा। मनुष्यों ने यह भी नहीं सोचा होगा कि इन क्षेत्रें में भी यंत्र मानवों का आधिपत्य होगा, फिर भी इनको इनमें आत्मीयता का अनुभव होता था। वक्त के साथ-साथ सारी चीजें बदलने लगी हैं।

कदम-6- आपकी छाप या आपकी पहचान! जिस तरीके से तुम दिखते हो या देखते हो, जिस तरीके से तुम अपना वेश या परिधान धारण करते हो_ जिस तरह की आपकी चाल-ढाल है या फिर जिस तरह से आप बातें करते हो, ये सारी चीजें आपके लिए काफ़ी महत्वपूर्ण हैं और ये कहीं से बेमानी नहीं हैं। इंसानों के पास कुदरती झुकाव होता है, जिससे वो आसानी से उनके साथ जुड़ जाते हैं, जिनके पास तेज़ और पेशेवर शख्सियत होती है। इस दुनिया में हर एक चीज का एक मतलब है। आगे बढ़ने का या आगे बढ़ने के लिए अपनी बार-बार छवि कायम करते जाना भी प्रगति का एक महत्वपूर्ण पक्ष है।

जैसा कि अमेरिकी कवि हेनरी लाँगफेलो ने कहा, "हम इसी बात से अपना मूल्यांकन कर लेते हैं कि हम क्या कर सकते हैं या हम क्या कुछ करना महसूस करते हैं, लेकिन दूसरे लोग हमारा मूल्यांकन इस बात से करते हैं कि हमने अब तक क्या किया है।" जिस कार्य को करने की योजना आप बना रहे होते हैं, उसका आपके लिए पूरा महत्व है और दूसरे मामले मतावलंबी हैं, लेकिन यहाँ विचारणीय तथ्य यही है कि आप किस तरह से दूसरों को अपने ढंग से और अपने प्रभाव से वश में कर लेते हैं। हमारे संगी-साथी और हमारी व्यवस्था हमको इस बिना पर स्वीकार करती है कि हम किस तरह से इस दुनिया में जाने जाते हैं। अगर आपको इस जन्म में सफलता को हासिल करना है, तो इस मिथक या धारणा को तोड़ना सबसे अधिक महत्वपूर्ण है। इस विषय पर अच्छा खासा लेख प्रकाशित हुआ है। मैंने अभी हाल ही

में डोरी क्लार्क के लेख (एच.बी.आर. मार्च 2011) को पढ़ा जिसका शीर्षक 'रि इंवेंटिंग मोर पर्सनल ब्रांड' था, जो पूर्ण रूप से और खासतौर पर अच्छी तरह से अभिव्यक्त है, जिसमें लेखिका ने कहा कि पाँच ऐसे स्पष्ट उपाय हैं जो आपकी कोशिशों को इस कदर बदल सकते हैं कि आप वाकई में एक शख्स नजर आएँगे और ये सारी चीजें आपको एक नई छवि प्रदान करेंगी। मैंने यह भी देखा है कि खुद-ब-खुद प्रामाणिक या विश्वसनीय होना एक बहुत ही लंबा रास्ता है, जब आप अपनी छाप छोड़ पाते हैं, या अपनी पहचान बना पाते हैं तथा अपनी विश्वसनीयता कायम कर पाते हैं क्योंकि ये सारी चीजें आपके अंतर्मन की अतल गहराइयों से विकसित होती हैं और आप अपने को खड़े कर पाते हो, अपनी पहचान बना पाते हो। इसमें कोई दिखावा नहीं है, बनावटीपन कुछ भी नहीं है। क्या ये आनंददायक, या खुश कर देने वाला नहीं है? इस किताब में हमने जिस सफर की शुरुफ़आत की थी, वो पूरी हो चुकी है और इसके साथ ही आपने अपनी खुद की तलाश भी कर ली है, आपने अपने को पहचान लिया है।

अब काम पूरा हो चुका है। हम वहाँ पहुँच चुके हैं। शिखर ठीक उस पार है- हमारी आँखों के बिलकुल करीब है। आप अपनी आँखें बंद करें। क्या आप इसे देख या महसूस कर सकते हैं? आपकी वास्तविक उत्तर दिशा- सही और सटीक दिशा। इसके पहले कि हम इस अध्याय की इति श्री करें, या इसको ख़त्म करें, हम आपको याद दिलाना चाहेंगे कि हमने लगभग सारे तत्वों को समेट लिया है जो क्यू.ऐ.पी.ऐ. के ढाँचे के अंतिम स्तंभ तक पहुँचाएगी। अब आप अपनी वापसी की राह पर हैं।

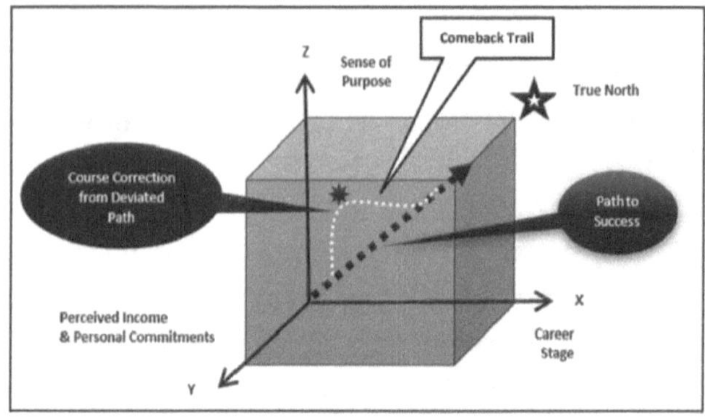

मैं, जो आपका शेरपा हूँ, हमेशा आपके इर्द-गिर्द हूँ ताकि आप जब चाहो तब मेरे साथ गहन एवं गंभीर विमर्श कर सकते हैं, ताकि अंतिम मील का सफर तय कर सकें। आप योजनाओं को अच्छी तरह से तैयार कर लें और इस आखिरी मील के सफर के लिए हरेक जरूरी चीजों का पूरा इतमीनान कर लें। आपके अध्ययन की दीवार पर या फिर अगले बिस्तर पर इसकी सख़्त जरूरत पड़ेगी_ आप जो भी पसंद करें, इसे ऐसी जगह के रूप में रखें, जहाँ आपको इसकी जरूरत पड़ें और आप हर रोज की प्रगति का जायजा रखें।

अगले अध्याय में मैंने कुछेक टिप्स जुटाकर रखे हैं, जिसको मैंने आपके साथ साझा किया है क्योंकि इनको मैंने भी महसूस किया है और इस पुस्तक में जाँच परख कर रखा है। आप भी इसका अपनी मानसिक ताकत या मानसिक क्षमता बढ़ाने के लिए इस्तेमाल कर सकते हैं, जब आप आखिरी पड़ाव के लिए कूच करें। आपके अगले पंद्रह से बीस साल आपको सही दिशा में विकसित करने के लिए हैं।

क्यू ऐ पी ऐ की कार्य योजना

कृपया सही उत्तर कथन और वो सारे विवरण दीजिए जो आपके कार्य करने के लिहाज से महत्वपूर्ण हैं। आप चाहें

तो एक कागज अलग से लीजिए और इसे इसके साथ जोड़ दीजिए, यदि आप इस अतिरिक्त कागज पर कुछ लिखें हो-

पथ-प्रदर्शक गण

उपलब्धियाँ

आज की तारीख

लक्ष्य वापसी की तारीख- (जब आप शिखर पर पहुँचने की योजना या सही दिशा में जाने की योजना बना रहे हों।)

✍ ✍ ✍

११
अगर अब नहीं, तो कब

"चाहे आप सोचें कि आप कर सकते हैं या आप सोचें कि आप नहीं कर सकते हैं।"

- हेनरी फोर्ड

जैसे ही मैं इस अध्याय को लिखने के लिए अपना कलम उठाना शुरू करता हूँ, तो मेरे दिलो-दिमाग में मिले-जुले जज्बातों की भीड़ इकट्ठी हो जाती है। मैं सफर के दौरान काफी उत्साहित रहता हूँ और इसको एक पुस्तक में उकेरने की कोशिश की गई है। मैं तहे दिल से आपकी सफलता की खातिर ज़िम्मेदारी के भाव को महसूस करता हूँ। इस पुस्तक को लिखते समय मैंने काफ़ी कुछ सीखा। आपके साथ इन अनुभवों एवं विचारों को साझा करने के लिए मेरे लिए यही महत्त्वपूर्ण था कि इसे शोध के जरिए पुष्ट किया जाए। इसके अलावा कई लोगों से रायशुमारी भी की गई, जिन्होंने फिर से मझधार में ही अपने कैरियर की शुरुआत एक नए सिरे से की। मेरे पास खुशियों के लम्हे रहे और कभी-कभी तो खड़े रोंगटों को फिर से सहलाने की जरूरत पड़ी और कुछेक सुखद अनुभव इस दौरान मेरे इर्द-गिर्द छाए रहे। मैंने यह महसूस किया कि हालाँकि मैंने अपनी निजी कहानी और अपने कैरियर के अनुभवों को इस पुस्तक में जगह दी है, लेकिन इसके साथ-ही-साथ वरिष्ठ अधिकारियों के अनुभवों को भी बिना किसी गुरेज के साझा किया है। इस पुस्तक का दायरा अधूरा ही रह जाता, यदि मैंने जीवन

के विविध क्षेत्रें एवं आयामों से जुड़े लोगों से बातचीत नहीं की होती, जिन्होंने अपने दिलो-दिमाग में चल रहे जद्दोजहद को जीत कर आखिर फतह हासिल कर ली। वे महिलाएँ, जिन्होंने अपने सुनहरे भविष्य की संभावनाओं को तार-तार करते हुए भी अपने परिवार का पालन-पोषण किया। वे वरिष्ठ अधिकारीगण, जो अपने बुजुर्ग एवं बीमार माता-पिता के खातिर अपने-अपने शहर को चले गए। इनमें से कुछ ऐसे भी लोग रहे, जो अपनी महत्वाकांक्षा पर लगाम लगाते हुए अपने प्रतिभाशाली बच्चे के भविष्य को सँवारने के लिए उनके ही देश को कूच कर गए, ताकि उन्हें बेहतरीन क्रीड़ा-प्रशिक्षण मुहैया कराया जाए। मैंने ऐसे लोगों को भी देखा जिन्होंने अपने पूरे जीवन भर की कमाई ही लुटा दी, ताकि अपने कैंसर से जूझ रहे दोस्त को और दूसरे को भी सहारा दिया जा सके। इन सभी लोगों में एक सर्वनिष्ठ मानवीय पक्ष को महसूस किया कि इन सभी हैरतअंगेज और शानदार लोगों में 'वे ऐसा कर सकते हैं' की भावना प्रबल थी। जब उन्होंने अपनी वापसी की, तो उन्हें पता था कि उन्हें सही दिशा में कैसे जाना है। जब इन्होंने अपने परिवारों एवं मित्रें को समर्थन एवं सहयोग देना शुरू किया, तो उन्हें बराबर इल्म था या उन्होंने अपने दिलो-दिमाग को समझा रखा था कि उनके भविष्य का रास्ता किधर जाता है या वे किस्मत के किस पड़ाव पर पहुँचेगे। दूसरे शब्दों में कहा जाए तो उन्होंने अपनी पटकथा को बार-बार पढ़ रखा था और वे इस दुनिया के रंगमंच पर अपना किरदार निभाने के लिए पर्दा उठते ही तैयार बैठे हुए थे।

हम इंसान के रूप में भी इतने भी महान नहीं हैं या यूँ कहें कि हमारे में इतना भी बड़प्पन नहीं है कि इतने ऊँचे स्तर पर निहित अनिश्चिततापूर्ण स्थितियों से निपट सकें। वे सफल उद्यमी या व्यवसायी जो लगातार अधिकतर अस्पष्ट एवं दुरूह स्थितियों की उठा-पटक को झेलते रहते हैं, उनका

दिमाग भी हमेशा यही सीखने में और यही अंदाजा लगाने में रहता है कि अचानक कौन-सा मोड़ कब आ जाए। किसी भी समस्या के समाधान के लिए ढेर सारी बदलती परिस्थितियों के साथ किसी हालात को सँभालना भी एक हुनर है। इसके लिए भारी उहापोह भरे माहौल में भी अनुशासित ढंग से सोचने की जरूरत होती है। दिमाग में चल रही उठा-पटक और कोलाहल के बीच ज़रूरत है कि हम शांत चित्त होकर हौले-हौले सोचें! क्योंकि जैसे-जैसे अनिश्चितता बढ़ती है, वैसे-वैसे हमारा दिमाग फिक्रमंद होते हुए पस्त पड़ता जाता है। यह सारी चिंता फिक्र हमारे विकल्पों के बारे में होती है, जो हम बनाते चले जाते हैं, लेकिन फिर सवाल उठता है कि हम कैसे हमेशा के लिए विकल्प सुनिश्चित करें? अब जरा एक मिनट में समझें कि हमारे दिमाग में क्या पल रहा है, जब हमारे मन में एक से बढ़कर एक कारणों में आपस में गुत्थम-गुत्थी चल रही होती है और फिर हमारा भेजा सुन्न होकर पस्त पड़ जाता है। इसके बाद हमारा प्रमस्तिष्कखंड एक तरह के जोखिम को महसूस करने लगता है, जो चिंता का वायरस बन जाता है और फिर डर पैदा होने लगता है और हमारे मन में पुरस्कारों या प्रोत्साहनों के प्रति सकारात्मक प्रतिक्रिया करने वाले भाव मंद पड़ने लगते हैं। हमें अचानक पता ही नहीं चलता कि जो फैसले हमारे द्वारा लिए जाने हैं, वो किसी समय में सही और दुरुस्त साबित होंगे। एक प्रकार की अजीब बेचैनी पैदा करने वाली अनुभूतियाँ आपे से बाहर होने लगती है।

हमारा मन अपने चारों तरफ दूषित माहौल में स्पष्टता और निश्चितता की अपेक्षा करने लगता है। इन अनिश्चितताओं में हो रहे इजाफे भय का घटाटोप तैयार कर देते हैं या हमारे सोचने के तरीके कहीं से भी रचनात्मक नहीं रह जाते। बचपन में हमें याद है कि हमें मनोवैज्ञानिक जोसेफ जेस्ट्रॉ

के द्वारा बत्तख-खरगोश की छवि दिखलाकर आश्चर्यचकित कर दिया जाता था।

जब मैंने इसको एक वयस्क के रूप में देखा, तो मुझे महसूस होता है कि इस छवि को पहचानने के बावजूद मेरा दिमाग कुछेक नैनो सेकेंड के भीतर ही इस बत्तख के भीतर खरगोश को समझने लगता है, या फिर इसका कोई दूसरा भी विकल्प है क्या? यदि हम संज्ञानात्मक रूप से या सचेत होकर अपने दिमाग के विभ्रम को समझने के लिए या भ्रांतियों को पहचानने और स्पष्ट करने के लिए निर्देशित करें, तो हम इस जीवन में छाए धुंधलकों को बड़ी आसानी से साफ कर सकते हैं। हमारी कोशिश यह कतई नहीं है कि इसे अधिक-से-अधिक सरल बनाएँ, बल्कि हम इसे साफ-साफ बतलाने की कोशिश कर रहे हैं। क्या हम इस धुंधलके को तार-तार नहीं कर सकते हैं, जो हमारे दिमाग के चारों तरफ एक आवरण निर्मित करता है और फिर अगले पड़ाव पर विभ्रम की सी स्थिति बन जाती है। और हम इसे कैसे पहचानना शुरू करेंगे कि हमारे इर्द-गिर्द धुंधलके भरे अनिश्चितता का स्वरूप क्या है?

अनिश्चितता को समझने के लिए एक कोशिश करें

आज के इस जमाने में कामकाज के माहौल में अनिश्चितता भी लगातार बढ़ती जा रही है, जिससे तरह-तरह की चुनौतियाँ सामने आ रही हैं, जिसको उद्यमियों एवं अधिकारियों के द्वारा बराबर झेला जा रहा है। परिवर्तन का वैश्विक चक्र या वैश्विक पैमाने पर परिवर्तन भी तेज़ी से होते देखे जा रहे हैं। यदि ज्यादा पीछे न देखें तो इस तरह की प्रवृत्ति बढ़ती जा रही है। जनवरी 2020 से एक नए दशक की शुरुआत हुई। इस मौके पर क्रिस्टालिना जॉर्जिवा (प्रबंध निदेशक, आई.एम.एफ., पीटर्सन इंस्टिट्यूट ऑफ इंटरनेशनल इकोनॉमिक्स) ने कहा, "अगर हमें इस नए दशक के शुरुआत पर एक नया विषय चुनने के लिए कहा जाए, तो यह निश्चित रूप से 'बढ़ती हुई अनिश्चितता' ही होगी।" हालाँकि हम इस पुस्तक को लिखते जा रहे हैं और हम इस दशक के पहले साल के बमुश्किल आधे अतीत यानी पहले साल की आधी दूरी तय कर चुके हैं, लेकिन उनके शब्द अशुभ सच साबित हो रहे हैं। इस दुनिया ने भीषण प्राकृतिक आपदा को महसूस किया है जो व्यापक पैमाने पर वनों में आग से लेकर कोविड-19 वायरस के भयंकर कहर के रूप में जाने गए। इन विपदाओं ने पूरी दुनिया की तस्वीर बदल कर रख दी। पूरी दुनिया एक तरह से हिलकर रह गई है। तेल की कीमतों में भूचाल आ गया है। उभरते नेतृत्व के सामने चुनौतियाँ कई देशों में कायम हैं और अन्यान्य इससे जुड़े वृहद् आर्थिक कारक भी निश्चित रूप से हमारी दुनिया के माथे पर चिंता की लकीरें हैं। आई.एफ. के द्वारा डब्ल्यू.यू.आई. (वर्ल्ड अनसर्टेनिटी इंडेक्स) यानी 'विश्व अनिश्चितता सूचकांक' प्रकाशित किए गए हैं। जिसमें 143 देशों को शामिल किया गया है, जो व्यापक डाटा विश्लेषण पर आधारित हैं। इस विश्लेषण में विगत 60 वर्षों के कुछ गंभीर आर्थिक एवं राजनीतिक मानकों का सहारा लिया गया है। हम आपसे सिफारिश करते हैं कि आप इस हालिया 'डब्ल्यू.

यू.आई. रिपोर्ट' पर एक विस्तारपूर्वक दृष्टि डालें। क्योंकि मैंने भी इसमें से कुछ अंतर्दृष्टियों एवं जानकारियों को इस अध्याय में कुछेक मुद्दों के लिए काफ़ी प्रासंगिक पाया। इसलिए मैं 'सी.ई.पी.आर. पॉलिसी पोर्टल' में प्रकाशित कुछेक अंतर्दृष्टियों एवं जानकारियों को थोड़ा आगे लेकर जाऊँगा। इस शोध लेख में लिखा है कि सन् 2012 से वैश्विक स्तर पर अनिश्चितता बढ़ी है। वैश्विक स्तर पर अनिश्चितता की हालिया प्रवृत्ति या स्तर ऐतिहासिक संदर्भ में अपवादस्वरूप है। पिछले साठ सालों में कुछ ऐसे भी प्रकरण रहे हैं, जिसमें अनिश्चितता का स्तर पिछले दशक में काफ़ी ऊँचा रहा।

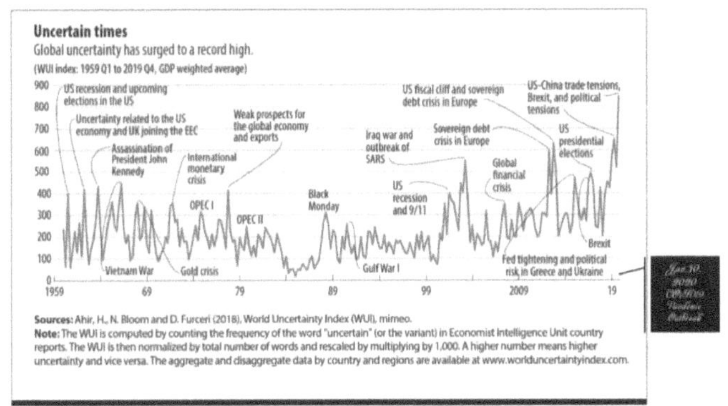

Sources: Ahir, H., N. Bloom and D. Furceri (2018), World Uncertainty Index (WUI), mimeo.
Note: The WUI is computed by counting the frequency of the word "uncertain" (or the variant) in Economist Intelligence Unit country reports. The WUI is then normalized by total number of words and rescaled by multiplying by 1,000. A higher number means higher uncertainty and vice versa. The aggregate and disaggregate data by country and regions are available at www.worlduncertaintyindex.com.

डब्ल्यू-यू-आई- एक ऐसा संकेत देता है कि विश्व के आला नेताओं एवं व्यापारिक या वाणिज्यिक अधिकारियों को आने वाले सालों में ढेर सारी परिवर्तनशील परिस्थितियों का सामना करना पड़ सकता है। इसका बाजार की संभावनाओं एवं प्रत्याशाओं पर सीधा प्रभाव पड़ सकता है जो सीधे तौर पर अपना खुद का व्यवसाय कर रहे लोगों या बड़े उद्यमियों से संबंधित है। इससे निश्चित तौर पर अधिकारियों के भविष्य या उनके कैरियर में बदलाव दिखेगा।

यदि हम चौथे चरण में यानी 40 वर्ष से 60 वर्ष के मध्य आयु के कार्यरत 'सी' एवम् 'डी' श्रेणी के अधिकारियों पर पड़े प्रभाव पर एक नजर डालें तो उच्च स्तर या व्यापक स्तर पर बढ़ रही अनिश्चितताओं एवं अस्थिरताओं की आशंकाओं का इन पर गहरा असर पड़ेगा। अब यह इस बात पर निर्भर करता है कि इन विभिन्न स्तरों पर मिल रही चुनौतियों से निपटने के लिए कोई कितनी मुस्तैदी से तैयार है। इस वैश्विक अस्थिरता या अनिश्चितता से नई पीढ़ी की युवा प्रतिभाएँ तेज़ी से उभरकर सामने आएँगी। यह भी हो सकता है कि एक से बढ़कर एक नई, तेज़, प्रतिस्पर्धी एवं प्रखर मशीनें सामने आएँ। यह समूची दुनिया इन तमाम तेज़ बदलावों को बर्दाश्त करते हुए स्थिर होने की कोशिश करेगी और इसके तहत अनुमानित प्रतिदर्श यानी अनुमानित मॉडल निर्मित किए जाएँगे। इससे आने वाली पीढ़ियों में जो अधिकारी सामने आएँगे, उसमें नए कला-कौशल विकसित होंगे। खासतौर पर 20 वर्ष से 30 वर्ष के आयु वर्ग के अंतर्गत आने वाले भावी अधिकारियों में कला-कौशल की बेहतरी दिखेगी। यह आयु वर्ग पहले चतुर्थांश के अंतर्गत है।

इसलिए आज आप आयुवर्ग के किस चतुर्थांश के अंतर्गत आते हैं, इसको समझते हुए जरुरत इस बात की है कि आप यह पहचाने कि आपके मार्ग में आने वाली कौन-कौन सी चुनौतियाँ हैं। इनकी सूची आप बनाकर रख लें। कहीं ऐसा न हो कि ये सारी चुनौतियाँ एवं समस्याएँ आपकी सफलता के मार्ग में बाधक तत्व के रूप में नजर आएँ। आपको इसकी भी जरुरत है कि आप 'प्लान ए' (योजना 'ए') पर कार्रवाई करें और इन्हें कार्यान्वित करें। इसके संदर्भ में उभरने वाले हालातों पर भी गौर फरमाना होगा। यहाँ पर तीन परीक्षणीय तकनीक दी जा रही हैं, ताकि आगामी अनिश्चितता एवं परिवर्तनों से निपटा जा सके।

1. आप जिस लक्ष्य की आकांक्षा करते हो या आप जिस रास्ते पर चलने की ठाने हो, उसी रास्ते पर चलने के लिए छोटे-छोटे लक्ष्य निर्धारित करें और अपने रास्ते को हरी झंडी दिखाएँ। आप कभी भी जीत और हार की स्थिति के अनुसार न सोचें। आप हार नहीं सकते हैं। आपको हर कदम पर कुछ- न- कुछ लाभ होगा, भले ही वो लाभ छोटा हो। पहले आपको जो भी जानकारी मिलेगी, चाहे वो भले ही बेकार हो, आपको उससे भरपूर सीखने को मिलेगा और आप जिस रास्ते पर चल रहे हो, उसी रास्ते पर तीव्र बुद्धि की मशाल जलाएगा।

2. तनाव को शून्य करें ओर फोकस बनाने के लिए इसका फायदा उठाए। कभी भी तनाव को इतना न छूट दें कि वो आप पर हावी हो जाए और आप इसके चक्कर में आकर उलटे-सीधे निर्णय लेने शुरू कर दें या अपना आपा खो दें। इससे आपके जीत के इरादे मजबूत करने में मदद मिलेगी।

3. अपने जागरूकता के भाव को हमेशा जाँचते-परखते रहें और केवल उन्हीं बातों का संज्ञान लें, जिससे आप पूरी तरफ वाकिफ हैं। झूठ-मूठ का अंदाजा लगाने या अंधेरे में तीर छोड़ने से कुछ भी हासिल नहीं होगा। जैसे-जैसे आपके जीवन में नया मोड़ आता है, उस हर मोड़ पर आप नई-नई जानकारियों से मुखातिब होंगे, जो आपको हर रास्ते पर मिलेंगी। इससे आपको अपनी स्थिति का आंकलन करने में मदद मिलेगी। इसके साथ ही आप नित नई संभावनाओं के साथ आगे बढ़ेंगे और सफलता आपका हाथ बढ़ाकर स्वागत करेगी।

मेरे एक मित्र 'रे' हैं जिन्होंने एक सफल एवं शानदार कैरियर 'सर्जन' के पद को हाल ही में छोड़ा है, ताकि वो दूसरों को भी अपनी शिक्षा से लाभान्वित कर सकें और वो

लोग भी उन्हीं की तरह एक कामयाब सर्जन हो सकें। इन्होंने अपने अनुभव को अच्छी तरह से सबके सामने प्रस्तुत किया। ये सारा कुछ हमारे दिलो-दिमाग में है। आपको अच्छे ढंग से तैयारी करनी होगी। आप आश्वस्त हो लें कि आप में ढीलापन, शिथिलता एवं लापरवाही दुरुस्त हो चुकी है। इसके साथ डर को हटाकर दूर फेंक दें। इसके बाद आप अपने लिए थोड़ा फुर्सत लेने दें, यानी यह ज़रूरी है कि आप थोड़ा-सा जी लें और खुद को थोड़ा समय देने दें। आप इस बात पर केंद्रित रहे कि आप केवल एक उद्देश्य के प्रति समर्पित हैं। हरेक कदम के साथ अनिश्चितता या अस्थिरता के बादल छटेंगे। चिंता का स्तर भी गिरेगा और कुहासा हटेगा। दृश्यता में फैलाव होगा और आप अपने को तुरंत नई व्यवस्था में पाएँगे।

जैसा कि मैंने इस पुस्तक की शुरुआत में कहा था कि मेरे पास ऐसी कोई जादुई गोली नहीं है, जोकि आपकी गहरी जड़ में समाई चिंता या कैरियर के ढेर सारे फ़िक्र को उड़न छू कर दे। लेकिन इस सफर के दौरान मैंने भरपूर कोशिश की कि अपने अनुभवों और अपनी बातचीत को उन दूसरे लोगों के साथ जोड़ दें, जिन्होंने गहरे अनजान सागर के बीचों-बीच चलने और लक्ष्य तक पहुँचने के लिए अपना रास्ता तैयार किया है। अपने इन्हीं अनुभवों और सुझावों को आपके साथ साझा करने के दरम्यान मैं आपके सामने कुछ टिप्स रखे दे रहा हूँ, जिसको मैंने समझा कि मेरे दिमाग को पूरी तरह से आगे के सफर पर केंद्रित करेंगे।

टिप्स-1- ध्यान करें और पूरे होश में रहने का अभ्यास करें।

यह पूरी तरह से आजमाया गया तरीका है, ताकि हम अपने पर ध्यान दें और आगे के सफर के लिए अपनी तैयारी खुद-ब-खुद करें। मैं आपसे गुजारिश करता हूँ कि आप भी

जरा आजमा कर देखें और उसकी तलाश करें जो आपको आरामदेह स्थिति में लाए। ऐसे बहुत सारे ध्यान के लोकप्रिय तरीके हैं, जिनसे आपको मदद मिलेगी और आपको सही दिशा मिलेगी। इसके साथ-ही-साथ उलझे हुए विचारों के साथ जूझ रहा आपका दिमाग भी स्पष्ट, साफ और स्थिर होगा। मेरे पास एक ऐसी साँस लेने की तकनीक है, जो पूरे शरीर को ऑक्सीजनीकृत कर देगी और समूचा दिमाग ऊर्जा से भरपूर हो जाएगा।

टिप्स-2- चुस्त-दुरुस्त रहें।

न जाने कितनी बार हम लोगों ने सुना होगा और दूसरों से भी कहा हो कि "एक स्वस्थ शरीर में एक स्वस्थ मस्तिष्क निवास करता है।" यह कहावत आज पीढ़ियों से कही सुनी जा रही है और हर समय सही हुई है। इसलिए आप यह तय करें कि आप क्या 'सबसे बेहतर' कर सकते हैं। यदि आप रोज जिम जाने वाले व्यक्ति नहीं है, तो फिर कुछ हल्के-फुल्के व्यायाम जैसे- 'तेज चलना', शरीर को फिट रखने के लिए पुश-अप्स और पीट-अप्स करना, संगीत की धुन के साथ व्यायाम, कुछेक खेल एवं कसरत और कुछ एथलेटिक्स के अंतर्गत आने वाले खेल किए जा सकते हैं। ये सभी अच्छे हैं। इससे आपको अपने भीतर धैर्य एवं सहनशक्ति का विकास करने में मदद मिलेगी।

टिप्स-3- स्वास्थ्यवर्धक खुराक लें।

मुझे अच्छे, पौष्टिक एवं स्वास्थ्यवर्धक भोजन से प्रेम है और मुझे हैरानी होती है कि कम कैलोरी वाले भोजन या खाद्य पदार्थ मेरी स्वाद ग्रंथियों से मेल क्यों नहीं खाते हैं। बहुत थोड़ी-सी कोशिश से मुझे स्वादिष्ट एवं स्वास्थ्यवर्धक भोजन की रेसिपी तैयार करने में मदद मिली। काफ़ी बुद्धिमता, सजगता एवं सतर्कता के साथ थोड़ा कम ही भोजन एक ही खुराक में लें, जरूरत से ज्यादा कभी भी भोजन न करें।

हमेशा रात का भोजन जल्दी ही लिया करें। यह कहावत भी कहीं से गलत नहीं है कि- "सवेरे का नाश्ता एक सजा की तरह लेना चाहिए, दोपहर का भोजन एक राजकुमार की तरह किया करें, लेकिन रात का भोजन एक कंगाल की तरह किया जाना चाहिए।" एक इंसान के रूप में हमारी यही फितरत रही है कि हम स्वाभाविक रूप से ऐसे लोगों की तरफ ही आकर्षित होते रहे हैं जिनकी कद-काठी अच्छी हो और पूरा व्यक्तित्व सकारात्मक दृष्टिकोण का धनी हो। शोध से यही पता चला है कि जब भी कोई व्यक्ति किसी पर अपना प्रभाव छोड़ता है, तो उसकी शारीरिक बनावट सबसे पहला प्रभाव डालती है। वैसे भी 'पहला प्रभाव अंतिम प्रभाव होता है।'

टिप्स-4- दिन में कभी अपने लिए भी फुर्सत निकालें।

जब आप कभी अपने 'प्लान ए' के साथ होते हैं, तो आप सबसे पहले अपने आपको धन्यवाद कहें और बधाई दें क्योंकि आप इसके योग्य हैं। भले ही यह काम रोज न कर पाएँ, लेकिन ससाह में एकाध बार तो जरूर ही करें। यह काम तब जरूर करें, जब आप विचारों में तल्लीन होना शुरू हो जाते हैं। आप इस अपने फुर्सत के पलों का इस्तेमाल अपने गुरु या अपने पथ प्रदर्शक से बातचीत करने और रायशुमारी में कर सकते हैं। ताकि आपके मन से आधे-अधूरे और भ्रांतिपूर्ण विचार दूर हट जाएँ और आप का मन जीत हासिल करने वाले ऊर्जावान विचारों से भर जाए।

टिप्स-5- सुनहरा नियम।

आप जो कुछ भी कर रहे हैं, कृपया उसे करते रहें। निरंतरता बनाए रखें। अपने मील के पत्थर को पुरस्कार के रूप में समझें और लक्ष्य तक पहुँचने के लिए चलते रहें, काम करते रहें और मेहनत करते रहें। लेकिन आपके लिए सबसे बड़ा पुरस्कार या सबसे बड़ी उपलब्धि तभी हासिल हो पाएगी, जब आप सही दिशा या सही लक्ष्य हासिल करने के लिए मुकाम

तक पहुँच चुके होंगे। क्या आप कभी लंबे सफर या कुछेक मील दूर या इससे भी अधिक दूर जा चुके हैं?

वो कौन सी ऐसी चीजें हैं जो थकान या दुर्घटना से दूर रखती हैं? मेरा अनुमान है कि इसका सही जवाब समय-समय पर यात्रा के मध्य में अवकाश है। आपके और आपके कार के लिए सफर के बीच-बीच में थोड़ी देर के लिए अवकाश रखना अति आवश्यक है। यही नियम यहाँ भी लागू होता है। जैसे ही आप अपनी योजना को कार्यान्वित करने के लिए शुरू होते हैं, तो जल्दबाजी न करें। इसे सहजता के साथ और ठंडे दिमाग के साथ शुरू करना ही ठीक होगा। अपने रास्ते में आने वाले गड्ढे को बंद करें और यह ध्यान देते रहें कि आप इस काम को किस तरह से कर रहे हैं और इसमें किस तरह के बदलाव की जरूरत है। वही छोटे-छोटे बदलाव किया करें जिससे कि आगे का रास्ता सुनिश्चित हो और आप सही दिशा में जाएँ। यह इस बात पर भी निर्भर करता है कि आप अपने जीवन के किस चतुर्थांश में हैं। वैसे भी जब सूरज की रोशनी तेज पड़ रही हो, तब यही महत्त्वपूर्ण है कि किसी तरह से घास-फूस से छाया करके रोशनी को रोका जाए। यानी कहने का मतलब यही है कि धन की बचत करें और अपने शुरुआती काम करने के सालों के भीतर ही एक ऐसी मज़बूत व्यवस्था निर्मित की जाए, ताकि आप आगे आने वाले भविष्य में संभावित रूप से कैरियर में बदलाव के समय पहले से ही तैयार रहें। आपके लिए सबसे बेहतर यही होगा कि आप अपनी शर्तों में थोड़ा बदलाव किया करें। लेकिन यह बदलाव तब बिलकुल न करें, जब आपकी आर्थिकी के सामने केवल एक ही विकल्प बचा हो।

स्टीफेन कोवे (दी सेवन हैबिट्स ऑफ हाइलि इफेक्टिव पीपल) भावनात्मक अधिकोष (खजाने) के खाते को प्रदर्शित करने के लिए एक रूपक का प्रयोग करते हैं और इन शब्दों में बयाँ करते हैं कि "एक रिश्ता बनाने में कितना भरोसा करना

पड़ता है।" इस सरल लेकिन गंभीर सिद्धांत का मूल यही है कि हमारे पास एक निजी भावनाओं का खजाना है क्योंकि आस-पास के लोगों से हम घिरे रहते हैं और आपस में हमारी भावनाएँ एक-दूसरे में शामिल होती हैं और ठीक जैसे कि हम बैंक से या खजाने से रुपये या धनराशि निकालते और जमा करते हैं, वैसे ही हम परस्पर एक-दूसरे से भावनाओं का भी आदान-प्रदान करते हैं। इन लोगों के साथ आर्थिक आदान-प्रदान करने की बजाय, हम आपस में भावनाओं का लेन-देन करते हैं। यह सिद्धांत अनादि काल से चला आ रहा है, लेकिन इसमें बेशुमार मज़बूती है क्योंकि हर जगह और हरेक स्तर के व्यवसायों में इसी सिद्धांत का प्रयोग किया जाता रहा। आपके संभावित ग्राहक हाड़-माँस के पुतले हैं और उनमें भी कुछ जटिलताएँ हैं। ये आपके व्यवसायिक जटिलताओं से कहीं अलग ज्यादा जटिल हैं। जब से मैंने यह किताब पढ़ी है, तब से यह मेरे दिमाग में अंकित हो गया है। रिश्ते कभी भी व्यापारों या कार्यों के लेन-देन या आदान-प्रदान से नहीं बना करते, बल्कि काफ़ी समय से चली आ रही सदाशयता और सद्भावना की बदौलत ही रिश्ते बनते हैं, और बनते चले जाते हैं। मैंने अपने लिए यही सिद्धांत बना रखा है। कोई भी अगर मदद के लिए पुकारे, तो हिचकिचाएँ नहीं, तुरंत उसकी तरफ मदद का हाथ बढ़ा दें। यदि आप को भी मदद की जरुरत हो तो किसी को भी बुलाने में हिचकिचाएँ नहीं।

कीथ फेराजी ने अपनी पुस्तक 'नेवर ईट अलोन' में आपके इर्द-गिर्द सलाहकारों की टीम और उनकी महत्ता पर काफ़ी जोर दिया क्योंकि आपकी मर्जी के मुताबिक जब चाहे तब उन्हें बुलाया जा सकता है। जब कभी आपको उम्दा सुझाव की जरूरत हो तो आप उन्हें बुला सकते हैं, उनसे सलाह ले सकते हैं या फिर उनके प्रभाव क्षेत्र के अंतर्गत कोई भी जानकारी प्राप्त की जा सकती है। सलाहकार इसलिए भी अपनी अहमियत रखते हैं क्योंकि हमें भी कभी-कभी शर्म

या संकोच के दायरे से बाहर निकलने की ज़रूरत पड़ती है, या फिर कभी-कभी ऐसा भी होता है कि हम किसी दोस्त से इसलिए भी मदद नहीं लेते क्योंकि हमारा 'अहं' इसे गवारा नहीं करता, या कभी-कभी ऐसा भी हो सकता है कि हम एकदम अजनबी से मदद लेने के लिए मजबूर होते हैं क्योंकि सिर्फ उसी से मदद मिल सकती है। सलाहकारों की भूमिका इन स्थितियों में काफ़ी महत्वपूर्ण हो जाती है। जहाँ तक मिलग्राम के 'आज्ञाकारिता प्रयोग' का संबंध है, इसके संबंध में कुछ-न-कुछ विवाद है, लेकिन इससे एक संदेश साफतौर पर उभरकर सामने आता है, जो विचारणीय है। हम हमेशा दूसरों से मदद माँगने की अपनी काबिलियत पर भरोसा नहीं कर पाते। हर कोई अपने जीवन की माँगों के असुरक्षित कवच के भीतर ही जीवन निर्वहन करता है। लेकिन जब आप अपनी मदद की गुहार लगाते हैं, तो बहुधा लोग अपने दरवाजे खोलकर आपकी मदद करने के लिए अपनी पुरजोर कोशिश करते हुए बाहर आ जाते हैं और ये लोग कभी भी आपसे पहले नहीं मिले थे या इनसे कभी भी आपकी प्रगाढ़ता नहीं रही। कभी-कभी ऐसा भी होता है कि उन लोगों से आपको मदद नहीं मिल पाई, जिन पर आपको भरोसा था। यह भी हो सकता है कि ये लोग अपने-अपने काम एवं दायरे में इतने व्यस्त हों कि इन्हें आपके बारे में सोचने का मौका ही नहीं मिला। हाँ, लेकिन इनको भी कम-से-कम पूछना चाहिए था।

मैंने भी इस पुस्तक को अपनी निजी कहानी के साथ खोला। यह कहानी मेरे पिताजी के द्वारा मुझे दिए गए एक उपहार से जुड़ी है। यह उपहार मैंने अपने पिता जी से 'समझदारी' के रूप में पाया कि आखिर में बाजार में निहित या शामिल प्रवृत्तियों को सुधारने की कवायदें क्या और कौन-सी रही हैं। जब मैं पटरी से उतर रहा होता हूँ, तो और भी बाजार की प्रवृत्तियाँ बेचैन कर देती हैं। मैंने इस बात

की हरदम कोशिश की है कि हर पल कैसे जिया जाए और किस तरह से समय रहते कदम उठाए जाएँ। इसका मतलब यह कदापि नहीं है कि हम अपने साधनों एवं संसाधनों के चक्कर में मशीनी हो जाएँ, बल्कि पूरी तरह से होश सँभाले रहने और जागरूक बने रहने की जरूरत है। जब आप पूरे होश में हैं और आप जानते हैं कि आप क्या कर रहे हैं, तो आपकी जागरूकता आपको निश्चित ही जीत की तरफ ले जाएगी। आप पूरी तरह से वर्तमान को जी लेंगे और आप पूरे जोशो-खरोश में रहेंगे। और अगर आप ऐसा कर सकेंगे तो आप अपनी किस्मत को बना पाओगे।

मेरे दोस्त! अब मुझे आपसे ज्यादा वक्त लेने का नहीं है। आप बुद्धिमान हैं, आपने एक लंबा-चौड़ा सफ़र तय किया है। आपके पास एक ऐसी योजना है, जिसे आपको कार्यान्वित करना है। जैसे आप अपने अनुभवों के जरिए अर्थ से शिखर पर पहुँचेंगे, तो मैं भी आपको आमंत्रित करता हूँ कि आप भी दूसरों के साथ वेबसाइट पर इस पुस्तक में अपनी कहानियों को साझा करें।

मेरी खुशी आपकी कामयाबी में है, इसलिए आगे बढ़ें और महसूस करें कि एक लंबी दौड़ में साठ सेकेंड की कितनी अहमियत है। जैसा कि हमेशा होता आया है, मैं आपसे बस एक आवाज़ या एक पुकार की दूरी पर हूँ, जब आप चाहें। और वैसे भी आपने अभी-अभी शिखर पर चढ़ाई की है।

'किस्मत इस बात पर टिकती है कि आप आज क्या करते हो।'

- महात्मा गांधी

✍ ✍ ✍

अब आप शेरपा हो चुके हैं

क्या हो गया यदि हमने कभी भी शिखर पर फतेह हासिल करने के लिए यात्रा के लिए प्रस्थान नहीं किया? आपको इसका जवाब बेहतर मालूम है। जरा आपको ध्यान दिला दें कि हमने इस बारे में आधारभूत वार्ता दूसरे अध्याय में की थी, जिसमें मैंने आपकी प्रतिबद्धता और ईमानदारी से जुड़े कुछ सवाल पूछे थे, ताकि आपकी स्थितियों और काबिलियत का सही अंदाजा लगाया जा सके। खैर, मेरे पास हर एक वजह है, यह भरोसा करने के लिए जो आपने कायम रखा है। मैंने भी आपके द्वारा इस पुस्तक में दिए गए हर एक बयान पर पूरा भरोसा किया है। मुझे पूरी उम्मीद है कि इस किताब के हर पन्ने या फिर अधिकतर पन्ने आपकी आंतरिक अनुभूतियों एवं विचारों से रंगे पड़े हैं। अब आप इस काबिल हैं कि आप इसका फायदा लेने के लिए इस व्यवस्था का भरपूर इस्तेमाल करेंगे। अब आपका दिलो-दिमाग पूरी तरह स्पष्ट है और आपके उद्देश्यों के भाव से पूरी तरह जुड़ा हुआ भी है। मुझे यह भी उम्मीद है कि मैंने आपके भीतर शेरपा को पूरी तरह जगा दिया है और वो है आपकी जागरूक या जगी हुई चेतना, जिसने आपके भीतर पूरा जोश भर दिया है ताकि आप अपने कैरियर की उड़ान भरने के लिए अपने मन में पल रहे झंझावातों से बाहर आ सकें और सही दिशा में आगे का रास्ता तय कर सकें।

इस पुस्तक को लिखने में मेरा निजी अनुभव पूरी तरह संतोष से भरा रहा। जैसा कि मैं भी अपनी बातों पर कायम रहा, मैंने गंभीरता से उन जिंदगियों की दास्ताँ को आगे लाने

और आपके सामने रखने में कोई कोताही नहीं बरती, जिन्होंने निजी तौर पर मुझे काफ़ी गहरे हद तक प्रभावित किया। दूसरे लोगों की कहानियों ने न जाने कितनों के कैरियर को सफलता से भरपूर कर दिया। मेरी इस किताब का एक उद्देश्य रहा कि मैं अक्सर चालीस वर्ष से पचास वर्ष की आयु के अंतर्गत आने वाले वरिष्ठ एवं अनुभवी अधिकारियों के साथ अपनी मुलाकातों को इस पुस्तक के साथ जोड़ दूँ क्योंकि इन वरिष्ठ एवं अनुभवी अधिकारियों ने अपनी बातचीत में अपने कैरियर में ठहराव और अगले बीस सालों में उनके शिखर पर चले जाने की संभावनाओं एवं प्रत्याशाओं को और इनसे जुड़े खट्टे-मीठे अनुभवों को अच्छी तरह समेटा था। मेरी खुशी का कोई पारावार न होगा यदि युवा अधिकारियों, उद्यमियों एवं गृहिणियों ने भी एक बार फिर से कैरियर में वापसी के बारे में सोचा होगा, तो वो भी इस पुस्तक से पूरा लाभ ले सकते हैं, ताकि वे शिखर पर पहुँचने या सफलता पाने के पहले अच्छी तरह से तेयारी कर लें और वे अपने कैरियर या भविष्य में बरमूडा त्रिभुज जैसे भटकाव एवं उलझन से बाहर निकल सकें।

जहाँ तक 'मेंढक की कहानी' का प्रश्न है, जितना जल्दी हम इर्द-गिर्द पानी का तापमान जाँच लेते हैं, उतने ही बेहतर ढंग से और सही दिशा में अपनी योजना को क्रियान्वित करना शुरू कर देते हैं, ताकि अपना सही लक्ष्य मिल सके। मैंने कई एक मुख्य अनुभवी अधिकारियों से बातचीत की और इसी आधार पर मैंने एक अवधारणा को ढूँढ निकाला 'प्रायोगिक या व्यवहारिक बेकार ज्ञान' जिसे म्ज़क् के रूप में जाना समझा गया। यहाँ यह महत्वपूर्ण है कि हम इन 'प्रायोगिक या व्यवहारिक बेकार ज्ञान' को अपने ऊपर हावी नहीं होने देते हैं और वास्तविकता को नजरअंदाज नहीं होने देते हैं। हम अपनी आँखें मूँद कर नहीं रह सकते हैं। हमें जरूरत है कि हम हमेशा अपनी जाँच-परख करते रहें। लक्ष्य

से भटक जाना आसान है और जहाँ आजकल के व्यापार या व्यवसाय के इर्द-गिर्द लगातार बढ़ती जा रही अनिश्चितता या अस्थिरता और प्रतिस्पर्धा है, ऐसी प्रवृत्तियाँ बेहद स्वाभाविक हैं। लोग हमेशा भटकाव एवं उलझन के शिकार होते रहते हैं, जो उनके कैरियर के दौरान लाजिमी है। जीवन एवं व्यापार के मध्य में भी गलाकाट प्रतिस्पर्धाएँ माहौल बिगाड़ने पर आमादा रहती हैं। ऐसे में यह भी जरूरी है कि जीवन के हर पक्ष में आने वाली जरूरतों पर ध्यान दिया जाए।

हालाँकि हम इस पुस्तक में सारी चीजों को शामिल करने के सवाल पर न्याय कर पाने में सक्षम नहीं है। फिर भी हमारी तरफ से ये सात हिदायते हैं, जो उम्मीदतन आप अपने सफर के दौरान अपनाने की कोशिश करेंगे, जो हमने भी अपने सफर के दौरान अपनाई थीं-

1. यदि आपने फ़-|च्| व्यवस्था या प्रणाली को अच्छी तरह से समझ लिया है, तो अब आप यह जान लें कि आप अपने कैरियर पथ पर कहाँ तक पहुँचे हैं और फिर उसके बाद वापसी की योजना के लिए तैयार हो जाएँ। अपनी विचलनशीलता या अपने भटकाव को समझ पाना वाकई में जटिल है। आयु के जिस चरण में आप चल रहे हैं, तो आयु चतुर्थांश से आपको इसका आंकलन करने में मदद मिल सकती है। और फिर आप यह भी जान सकते हैं कि आपकी योजना आपके जीवन चरण की आवश्यकताओं के कितने अनुकूल है।

2. आपके स्व आंकलन में यह भी दर्ज होना चाहिए कि आपके पानी का तापमान कितना गर्म है और पकने से पहले आपको कितनी जल्दी कार्य करने की आवश्यकता है।

3. अपने उद्देश्य के भाव को बार-बार और बराबर महसूस करें- और यह भी कि आपने कितनी शक्ति एवं सामर्थ्य पाई है और आपको लोग कितना मज़बूत समझते हैं कि आप इस दुनिया को शानदार करने का माद्दा रखते हैं।

4. आपकी 'बाजार-जाओ योजना' पूर्ण रूप से उन सक्षम सिद्धांतों पर आधारित होनी चाहिए, जिससे आपका सीधा जुड़ाव हो और ग्राहकों से भी सीधा संबंध हो।

5. इस सफर में आपकी आवश्यकता वही होनी चाहिए, जो एक मैराथन धावक की जरूरतें होती हैं, जो कि सीधे मील के आखिरी पत्थर के फतह से जुड़ी होती हैं। इसमें बहुत कुछ एक अनुशासित दृष्टिकोण पर भी निर्भर करता है, ताकि हमारा जोश जिन्दा रहे और हमारी आर्थिकी भी ऊर्जावान हो और इस बात पर भी बहुत कुछ टिका हुआ है कि आप अपने संसाधनों का अपने भविष्य सुधार के लिए किस तरह इस्तेमाल करते हैं।

6. जड़ता या निष्क्रियता दूर करने के लिए उपयुक्त उपायों का सहारा लें और आप सफर पर निकलने के लिए हमेशा तैयार रहें। कभी भी अपने ऊपर शक ना करें और इसे कभी अपने बेहतर प्रदर्शन के रास्ते में ना आने दें। आप अपनी व्यवस्था के अंतर्गत ही प्रदर्शन करें और याद रखें कि आपसे बेहतर तरीके से कोई भी प्रदर्शन नहीं कर सकता है।

7. आपने अपना केवल एक सलाहकार बना रखा है, जो हो सकता है कि खुद आपका शेरपा या आपके भीतर का शेरपा ही हो।

इस पुस्तक को समाप्त करने से पहले मुझे आपसे एक सवाल पूछना है कि यदि एक बार आपने कैरियर का रास्ता

या कैरियर का सफर सही लक्ष्य की तरफ मोड़कर रखा है, तो मुझे आपमें शेरपा की जरूरत पड़ेगी, ताकि मार्गदर्शन हो सके। इसके साथ ही कुछ अन्य अधिकारियों की भी जरूरत पड़ेगी, जो आपके इर्द-गिर्द होंगे और उन्हें सिर्फ आजीविका तक ही सीमित न रहने के लिए अप्रत्यक्ष दबाव डालेंगे। उनकी परोक्ष या छिपी हुई समझदारी को जागृत करें और उन्हें इस बात के लिए हौसला अफजाही करें कि वे मनमाफिक कैरियर का रास्ता चुनने के लिए घिसी-पिटी परंपराओं को तोड़ सकें। आप अपनी निजी सफलता की गाथा सुनाने वाली कहानियों का सहारा लें, ताकि वे अपने आप में जोश भरकर सफर पर निकलें और कुछ नया तलाशें। वे निजी तौर पर सफल हो जाएँ और एक ऐसे कैरियर की बुलंदी पर पहुँचे, जहाँ सफलता उनके कदम चूमे। हम साथ-साथ भी एक नया मुहिम शुरू कर सकते हैं, जहाँ हर कोई एक विशुद्ध संतुष्टि या सुकून का एहसास कर सके, चाहे वो जो भी करे। तो चलें, शुरू करें-

"हमेशा हौसला रखो कि अपने दिल की सुनो और अपने अंतस का कहना मानो, क्योंकि इनको पहले से ही पता है कि आप वाकई क्या बनना चाहते हो। बाकी हर चीज इसके बाद की है।"

- स्टीव जॉब्स

✍ ✍ ✍

आभार

ख़ुशनुमा आगाज करते हुए मैं अपना प्यार अपने किशोरवय के लड़के अखिलेश और अक्षत के लिए जाहिर करना चाहूँगा क्योंकि जैसे-जैसे मैं हरेक अध्याय को पूरा करता गया, इन्होंने काफ़ी धैर्य के साथ न केवल इसे सुना, बल्कि समय-समय पर मेरे शब्दों के चयन को लेकर अपनी शंकाओं को जाहिर करते हुए बड़ी ही सादगी से अपने विचार एवं सुझाव देते रहे।

मैं खासतौर पर अपनी जीवनसंगिनी के प्रति कृतज्ञता ज्ञापित करना चाहता हूँ क्योंकि मेरी मधुर अर्धांगिनी सुष्मिता जी मेरे सफर के दौरान आने वाले सालों की एकमात्र गवाह रहीं, जिन्होंने मुझमें कई एक बदलावों को निष्पक्षता के साथ महसूस किया। आज मैं जो कुछ भी हूँ और मैं जिस तरह से कार्य का संपादन करने के योग्य हो सका, उसमें उनका सर्वथा एवं सर्वश्रेष्ठ योगदान है। वाकई में कल्पना से परे है, यह सोचना कि बिन उनके अमूल्य योगदान के यह काम हो पाना मुमकिन था। उनका प्रयास सराहनीय एवं सर्वोत्तम है। उन्होंने एक आईने की तरह मुझे यकीन दिलाया कि इस पुस्तक में जो भी विवरण मौजूद हैं, वो पुख्ता हैं और दुरुस्त भी। ये हमारे सफर के साक्षी हैं, जो हमने साथ-साथ तय किए हैं।

मैं विशेषतः एवं कोटिशः धन्यवाद अपनी परमादरणीया माँ को देना चाहूँगा, जिन्होंने मेरे में मूल्य विकसित किए हैं। मेरे परिवार के सदस्यों एवं मित्रें ने भी मुझे गाहे बगाहे उकसाते हुए और हौसला बढ़ाते हुए इस पुस्तक को पूरा

करने में अमूल्य सहयोग किया, जिनका मैं आजीवन ऋणी हूँ क्योंकि इन्होंने तन-मन से भी मेरी मदद की। इसके अलावा मेरे अन्य मित्रें ने भी मुझे समय-समय पर फोन करते हुए या निजी तौर पर मिलकर भी अपने दायरे से बाहर निकलकर मेरी तरफ मदद का हाथ बढ़ाया। मेरे पास इनके लिए आभार व्यक्त करने के लिए शब्द नहीं हैं। मैं यहाँ निःशब्द हो जाता हूँ।

अपनी इस किताब के शोध के दौरान मुझे कई एक संसाधन प्राप्त हुए। मैं अपना विशेष आभार निम्न संदर्भों एवं अंतर्दृष्टि या इनकी सूझ-बूझ के लिए प्रकट करता हूँ। बिना इनको अपने अंतरा या अंतर्मन से आभार जताए या बिना इन वरिष्ठ अधिकारियों और मेरे से मिलने वाले जुझारूओं का शुक्रिया अदा किए हुए यह संदर्भ सूची पूरी भी नहीं हो सकती थी। क्योंकि इन्होंने जिस तत्परता और ईमानदारी से अपनी कथाओं, व्यथाओं एवं बेशकीमती अनुभवों को साझा किया, वे अतुलनीय और सराहनीय हैं। इन सबसे ऊपर हम क्षमाप्रार्थी हैं, अगर कोई एक खास या कोई एक खास चीज हमसे छूट गई हो, जिनके बिना यह कार्य संभव नहीं हो सकता था। यदि ऐसा हो भी गया हो, तो इसके पीछे मेरी कोई दुर्भावना या बदनीयती नहीं थी। भगवान माफ़ करें।

1. 2017 एच.बी.आर. पेपर बाइ रॉन कारूसी

2. माउंट एवरेस्ट गाइड- माउंट एवरेस्ट नेट

3. एलेक्सटेलर-प्प्प्- सीनियर एडिटर एट फॉर्चून मैगजीन

4. लंदन स्कूल ऑफ बिजनेस एंड फाइनेंस (एल.एस.बी. एफ. 2015_ लंदन स्टडी, टेलीग्राफ)

5. सिंधिया डी. मैकाले, मेरियन एन. रूदरमन (अंडरस्टैंडिंग एग्जेक्यूटिव डिरेलमेंट)

6. सॉर्चर (1985)

7. तथा यूरिच (एच.बी.आर. आर्टिकल, 2018)

8. जेफ बेजोस, फायरसाइड चैट विद शाहरुख खान, जन-2020 इंडिया

9. डॉक्यूमेंट्री, 'एवरेस्ट- दी डेथ जोन' डेविड ब्रीशर्स एंड लिजेल क्लार्क

10. गिल कोरकिंडेल (एच.बी.आर. आर्टिकल, 2008)

11. हब इवेंट्स, अगस्त 2019, जॉब सैटिस्फेक्शन सर्वे इन यू.के.

12. कसांद्रा फ्रेंगोस (एच.बी.आर. आर्टिकल, 2018)

13. मिहाली जिकजेन्ट मिहाली (फ्लो थ्योरी, 1975)

14. डॉ- जोसेफ ई- लेडोक्स (साइकोलॉजी ट्रडे आर्टिकल, 2015)

15. डॉ- रॉबर्ट ब्रुक्स, को ऑथर, 'डी पॉवर ऑफ रेजिलियेंस', अचीविंग बैलेंस कांफिडेंस एंड पर्सनल स्ट्रेंथ इन योर लाइफ

16. जॉर्ज वैलिएंट, ग्रांट स्टडी ऑफ हार्वड ग्रेड्स, 1938 ऑनवडर्स

17. डोरी क्लार्क (एच.बी.आर. आर्टिकल, 2011) ऑन 'रिइन्वेंटिंग योर पर्सनल ब्रांड'

18. जोसेफ जास्ट्रा, डक रैबिट, टी.आई.सी.एस., 1899

19. क्रिस्टेलिना जॉर्जिवा (जनवरी 2020, मैनेजिंग डायरेक्टर ऑफ दी आई.एम.एफ., पीटरसन इंस्टिट्यूट फॉर इंटरनेशनल इकोनॉमिक्स)

20. अहीर, एच-, ब्लूम एंड डी फुरकेरी (डब्ल्यू.यू.आई., 2018)

21. स्टीफेन कोवे- दी सेवेन हैबिट्स ऑफ हाइली इफेक्टिव पीपल

22. कीथ फेराजी- नेवर ईट अलोन

23. गैलुप हेल्थवेज ग्लोबल वेल बीइंग इंडेक्स 2014, रिपोर्ट

24. बार्ब ब्रेडली हेगर्टी (ऑथर ऑफ बेस्ट सेलर लाइफ रिइमेजिंड: डी साइंस, आर्ट एंड अपॉरचुनिटी ऑफ मिडलाइफ) और बीईंग सच एन इंस्पिरेशन

1. नितिन माथुर, यू.एस.ए. इस पुस्तक ने मुझे वस्तुनिष्ठ एवं सूक्ष्मतापूर्ण तरीके से अपनी स्थितियों एवं पाठ्यक्रम सुधार के सही आंकलन के लिए प्रेरित किया। इस पुस्तक में विचार एवं सुझाव अत्यंत सांदर्भिक एवं समसामयिक हैं क्योंकि ये किसी भी अधिकारी को चुनौतियों से निपटने में भरपूर मदद करते हैं और मुझे समझ में आ गया कि सरल, सहज एवं सशक्त व्यवस्था के जरिए ये सारी चीजें मुमकिन हैं। शेरपा तुमको अपनी सूझ-बूझ साझा करने के लिए धन्यवाद!

2. अनु श्री, यू.के. एक बार मैंने इस पुस्तक को उठा लिया तो इसको बिना पूरा पढ़े नहीं रह सका और इसके बाद ही इसे बंद किया। अब मैं अपने फ़-।च्। सफर पर हूँ और शेरपा मेरे साथ है। मेरी और भी किताबों से हटकर, लेखक ने काफ़ी खूबसूरती के साथ इस किताब में अपनी कहानियों को पिरोया है और इससे मुझे 'भय के सागर को पार करने में मदद मिली।' अत्यधिक अनुशंसित! मैं इसकी जोरदार सिफारिश करती हूँ।

3. डोनी, इंडिया- मेरा प्रिय अध्याय-6 है। मुझे अध्याय-6 'शुरुआती चेतावनी भरे लक्षण एवं छद्मवेशी अपर्यासता की भावना विकसित करने वाले विषाणु' काफ़ी पसंद हैं। मैंने इस किताब को दुबारा पढ़ा।

4. अमित कुमार, इंडिया- मैंने इस किताब को सूझ-बूझ से भरा पाया। मुझे लगा कि मैं लेखक से आमने-सामने बातें कर रहा हूँ, जिसमें व्यवहारिक लेकिन फालतू जानकारियाँ पता चली और फ़-।च्। को सही तरीके से समझ पाया। बेहतर अध्ययन और एक जोरदार सिफारिश!

5. डार्विन, सिंगापुर- आपका फार्मूला मेरे लिए कारगर है। चूँकि मैंने अपना मनचाहा पाने के लिए अपने आपको पूरा व्यस्त कर लिया है। अब मुझे अपने काम में और काम की जगह पर कोई परेशानी नहीं है।

6. जॉन किवेल, चीन- शेरपा! आशुतोष ने मेरे मन में नए विचार जगा दिए हैं। अलग-अलग प्रतिस्पर्धाओं के जाल मेरे व्यवसाय और जीवन में पनप चुके थे, लेकिन अब इनका समाधान मिल चुका है। मैं सुकून से हूँ। इस किताब को पढ़ा जाए।

7. बार्टी, एम. यू.ए.ई. चाहे आरामदेह स्थिति से बाहर आने का मामला हो, या भौतिक आवश्यकताओं से तालमेल की बात हो, या फिर ताकत और नियंत्रण खोने का मसला हो और असफलता का अज्ञात भय दिखें, इन सभी के लिए हौसले की जरूरत है। मैं बहुत खुश हूँ कि आपने मेरे भीतर फर्क पैदा किया और लोगों की जिंदगी बदल के रख दी।

8. प्रीतिका कोहली, इंडिया- मैं आपका शुक्रिया अदा करना चाहती हूँ क्योंकि आपने जो ख़्याल और व्यवस्थाएँ पेश की हैं वो इस किताब में सरल, सहज लेकिन

गंभीरता से भरी हैं। जब भी मैं अपना कैरियर सँवारने की कोशिश करती हूँ, तो निश्चित रूप से इसी किताब से मेरी शुरुआत होगी और फिर मैं बराबर परख भी कर सकूँगी कि मैं किधर जा रही हूँ। वाह! किताब कितनी महान है।

9. तेजस्विनी के., इंडिया- इस किताब ने मुझमें सजगता एवं सतर्कता का समावेश किया और मैं थोड़ी भी प्रतिक्रियात्मक अब नहीं रही। फ़-।च्। ढाँचे को तहे दिल से शुक्रिया।

10. प्रशंय, यू.ए.ई. इस किताब के जिस पक्ष को मैंने सर्वाधिक पसंद किया और लुत्फ उठाया वो निश्चित रूप से स्पष्ट और सुलझा हुआ है, जिससे मेरी उत्सुकता एवं जागरूकता मजबूत हुई और काम करने की योजना बलवती हुई। इस किताब में उदाहरण पठनीय हैं जो निजी जिंदगी की हकीकत से भरी कहानियों से जुड़े हुए हैं। व्यक्तिगत रूप से भी यह किताब आँखें खोल देती है, जिससे बहुत सारी चीजें स्पष्ट हो गईं। जब मैंने इस किताब के अध्याय पूरे किए, हरेक अध्याय के आखिर में मैं थोड़ी देर रूक सोचता रहा और गहनता से विचार किया फिर अगले अध्याय की तरफ बढ़ा।

11. अजय, इंडिया- मैंने अभी यह किताब पढ़ी। मैं पूरी तरह आत्ममुग्ध हो उठा और विस्मय से भर गया। ऐसा लगा कि मैं लेखक के साथ एक ऐसे बातचीत के सेशन में बैठा हुआ हूँ, जहाँ मेरे कैरियर के रास्ते पर प्रकाश डाला जा रहा हो, ताकि मुझे लक्ष्य हासिल हो। मैंने पूरी संजीदगी और गहनता के साथ इस किताब को पसंद किया और इससे भविष्य का रास्ता स्पष्ट हो गया।

12. राहुल तावडे, ऑस्ट्रेलिया- आशुतोष के द्वारा बताए गए और सुझाए गए व्यवस्था ढाँचे और सुझावों को मैंने हमेशा से पसंद किया और मैंने इसी के जरिए अपने भविष्य के रास्ते का आंकलन किया और इस रास्ते से भटकाव को जाँचा परखा और किसी तरह की उत्पन्न शून्यता को खत्म किया। मेरी इस किताब के लिए जोरदार सिफारिश है और जिनको अपने भविष्य के रास्ते की तलाश है और वो लीक से हटकर कुछ अलग करना चाहते हैं, वे इस किताब को चुन सकते हैं।

13. सुस्मिता, इंडिया- मैं अपने शेरपा को पाकर शुक्रिया अदा करती हूँ, जो मेरे साथ रहकर मेरा मार्गदर्शन करते रहे। यह किताब उनको तो पढ़नी ही होगी जो अपने कैरियर से लगे हुए हैं या फिर व्यापार की गति को बढ़ाने में लगे हुए हैं।

14. गौरव श्रीवास्तव, इंडिया- मुझे 'फ्रॉग स्टोरी' बहुत अच्छी लगी। इस किताब में मुझे म्ज़क् अवधारणा (प्रायोगिक लेकिन बेकार जानकारियाँ) बहुत पसंद आई, जो बेशक लेखक की ईजाद है। यह किताब एकदम ठीक समय पर आई है, जो मेरे लिए और मेरे जैसे दूसरो के लिए भी है।

15. ए- सोम, यूनाइटेड इंडिया- मैंने इस किताब में दिए गए नजरिए को निजी तौर पर पसंद किया और इसमें अभिव्यक्त प्रवाह की शैली की तारीफ की है जो शुरुआत में ही अपने हालात को जाँचने की नसीहत देती है। जब तक मैंने इस पुस्तक के आख़िरी पेज तक को नहीं पढ़ लिया, तब तक छोड़ा नहीं। मैंने अपने लिए एक ताजी हवा महसूस की, जो मेरे सकारात्मक विचारों को सहलाती है और पोषण भी देती है।

✍ ✍ ✍

www.ingramcontent.com/pod-product-compliance
Lightning Source LLC
Chambersburg PA
CBHW051832130726
47987CB00002B/507